2024-2025
18e édition

L'essentiel du DROIT DES PERSONNES

Corinne Renault-Brahinsky

Gualino
un savoir-faire de Lextenso

LES CARRÉS

Cette collection de livres présente de manière synthétique, rigoureuse et pratique l'ensemble des connaissances que l'étudiant doit posséder sur le sujet traité. Elle couvre :

- le Droit et la Science Politique,
- les Sciences économiques,
- les Sciences de gestion,
- les concours de la Fonction publique.

Corinne Renault-Brahinsky, est Docteure en droit et auteure de nombreux livres de droit à destination des étudiants en droit (licence et master). Retrouvez-la sur X (anciennement Twitter) : @CorinneRB.

Du même auteur, chez le même éditeur :

Collection « Les Carrés Rouge »

- L'essentiel du Droit des personnes, 18e éd. 2024.
- L'essentiel du Droit de la famille, 23e éd. 2024.
- L'essentiel du Droit des obligations, 20e éd. 2024.
- L'essentiel du Droit des successions, 16e éd. 2024.
- L'essentiel du Droit des régimes matrimoniaux, 16e éd. 2024.
- L'essentiel des Grands arrêts du droit des obligations, 6e éd. 2024.
- L'essentiel de la Procédure pénale, 24e éd. 2024.
- L'essentiel du Droit de la peine, 3e éd. 2022.
- L'essentiel de la Réforme du droit des obligations, 2e éd. 2018.

Collection « Mémentos »

- Droit des régimes matrimoniaux, 15e éd. 2024.
- Droit des obligations, 21e éd. 2024.
- Procédure pénale, 25e éd. 2024.
- Droit des personnes et de la famille, 23e éd. 2024.
- Droit des successions, 15e éd. 2024.

Collection « Droit en poche »

- Justice pénale des mineurs, 3e éd. 2024.
- L'adoption en 2023, ce qu'il faut savoir, 2023.
- La loi de programmation 2018-2022 et de réforme pour la justice décryptée, 2019.
- Le nouveau droit des contrats, 2e éd. 2018.
- Le nouveau divorce sans juge, 2017.

1, Parvis de La Défense
92044 Paris La Défense Cedex
EAN 9782297265782
ISSN 1288-8206
Collection Les Carrés Rouge

Suivez-nous sur www.gualino.fr

Contactez-nous **gualino@lextenso.fr**

PRÉSENTATION

L'ensemble des connaissances indispensables à la compréhension du droit des personnes est présenté dans cet ouvrage de façon claire et structurée en trois parties :

- la première sur la ***personnalité juridique*** : il s'agit de déterminer le commencement, la fin de la personnalité (personne physique ou personne morale), les situations incertaines telles que l'absence ou la disparition ainsi que les modalités de protection de la personnalité juridique (corps humain, vie privée, image) ;
- la deuxième partie est consacrée à ***l'identification de la personne*** c'est-à-dire à l'état des personnes, aux actes de l'état civil, au nom et à ses accessoires, au sexe et au domicile ;
- la troisième partie est consacrée ***à la protection des mineurs et majeurs vulnérables*** : condition juridique du mineur, autorité parentale, patrimoine, tutelle du mineur, protection occasionnelle du majeur, sauvegarde de justice, curatelle, tutelle, habilitation familiale, mandat de protection future.

Cet ouvrage s'adresse aux étudiants en licence et master Droit ainsi qu'aux candidats des concours des professions judiciaires et juridiques.

L'ouvrage est à jour de la ***loi n° 2024-233 du 18 mars 2024 visant à mieux protéger et accompagner les enfants victimes et covictimes de violences intrafamiliales.***

> *N.B. :* sauf précision contraire, les articles cités sont ceux du Code civil.

PLAN DE COURS

PARTIE 2
L'identification de la personne

PLAN DE COURS

Liste des principales abréviations

CASF	Code de l'action sociale et des familles
C. civ.	Code civil
C. com.	Code de commerce
CGCT	Code général des collectivités territoriales
CGI	Code général des impôts
COJ	Code de l'organisation judiciaire
CPC	Code de procédure civile
C. pén.	Code pénal
CPMIVG	Code des pensions militaires d'invalidité et des victimes de guerre
CPI	Code de la propriété intellectuelle
CSP	Code de la santé publique
C. trav.	Code du travail

PARTIE 1

La personnalité juridique

Chapitre 1

Les personnes physiques : l'acquisition et la perte de la personnalité juridique

La personne est un sujet de droit : elle est apte à être titulaire de droits et d'obligations. La personne physique se confond avec l'être humain. La personnalité juridique peut être reconnue aux personnes physiques mais également aux groupements de personnes appelés « personnes morales ».

1 Le début de la personnalité

En principe, le début de la personnalité est fixé à la naissance, mais la conception peut produire également certains effets.

■ *La naissance*

La naissance constitue le point de départ de la personnalité juridique à condition que l'enfant naisse vivant et viable. La viabilité a été définie par la jurisprudence comme la capacité naturelle de vivre : l'enfant ne doit pas être né trop prématurément, manquer d'un organe indispensable à la vie ou souffrir de malformations rendant la mort inéluctable. La preuve de l'absence de viabilité peut être apportée par tous moyens par celui qui conteste la personnalité de l'enfant.

L'article 318 du Code civil dispose qu'« aucune action n'est reçue quant à la filiation d'un enfant qui n'est pas né viable ».

L'article 79-1, alinéa 1er du Code civil permet d'établir, pour un enfant né vivant et viable mais décédé avant sa déclaration à l'état civil, un acte de naissance et un acte de décès. Dans le cas contraire et à certaines conditions, un ***acte d'enfant sans vie*** peut être dressé (art. 79-1, al. 2).

La conception

« *Infans conceptus pro nato habetur quoties de commodis ejus agitur* » : par l'effet d'une fiction, ***l'enfant simplement conçu est considéré comme né toutes les fois qu'il pourra en tirer avantage,*** à condition qu'il naisse ensuite vivant et viable. La jurisprudence a fait une large application de ce principe et l'a même érigé en principe général du droit. Cette maxime signifierait que la personnalité existe avant la naissance. Elle pose la question du moment de l'apparition de la personnalité juridique et donc de celui à partir duquel apparaît la nécessité de protéger l'individu en tant que personne. Il n'existe pas de réponse juridique claire à cette question.

L'article 725, alinéa 1er du Code civil prévoit que celui qui n'est pas encore conçu est incapable de succéder : « Pour succéder, il faut exister à l'instant de l'ouverture de la succession ou, ayant déjà été conçu, naître viable ». Ainsi, ***l'enfant qui n'est pas né viable ne peut succéder***. *A contrario,* l'enfant conçu avant la mort de son auteur peut succéder. De même, la conception de l'enfant avant la donation ou le testament suffit à le rendre capable de recevoir (art. 906).

L'article 311 du Code civil prévoit que la conception est présumée avoir eu lieu pendant la période comprise ***entre le 300e et le 180e jour*** inclus avant la naissance. La date de la conception sera fixée à un moment quelconque de cette période « suivant ce qui est demandé dans l'intérêt de l'enfant » (art. 311, al. 2). La preuve d'une grossesse plus longue ou plus courte peut toujours être apportée par tout moyen par le demandeur (art. 311, al. 3).

2 La fin de la personnalité juridique

La mort marque la fin de la personnalité juridique.

La détermination du moment du décès

Les conséquences juridiques qui s'attachent au décès, notamment en matière successorale, imposent que des critères précis puissent permettre de déterminer le moment exact de la mort.

Le constat de la mort est fait par le ***médecin***. Généralement, la cessation de la vie végétative, avec notamment un arrêt des fonctions circulatoires et respiratoires, permet de diagnostiquer le décès mais la situation n'est pas toujours aussi simple.

Pendant longtemps, on a considéré que la mort se caractérisait par l'arrêt du cœur et de la circulation sanguine. Une circulaire du 24 avril 1968, théoriquement dépourvue de portée juridique, a opté pour le critère de la mort cérébrale, de même qu'une circulaire *Jeanneney* du 3 avril 1978, afin de faciliter les greffes de cœur. Depuis un décret n° 96-1041 du 2 décembre 1996 relatif au constat de la mort préalable au prélèvement d'organes, le constat de mort d'une personne présentant un arrêt cardiaque et respiratoire persistant, est subordonné à la présence de trois éléments (CSP, art. R. 1232-1) :

– l'« Absence totale de conscience et d'activité motrice constatée » ;
– l'« Abolition de tous les réflexes du tronc cérébral » ;
– l'« Absence totale de ventilation spontanée ».

À défaut de toute autre indication, le décès est réputé s'être produit le ***jour où il a été constaté par l'officier d'état civil***. Il s'agit d'une présomption qui peut être contredite par la preuve du moment précis du décès.

Les conséquences juridiques du décès

Le décès doit être déclaré dans les 24 heures de sa survenance par n'importe quelle personne. Il emporte, entre autres, ***disparition de la personnalité juridique*** et ouverture de la succession du défunt (art. 720).

Une inhumation ne peut avoir lieu moins de 24 heures et plus de 6 jours après le décès. Le mineur émancipé ou le majeur peut régler les ***conditions de ses funérailles*** dès lors qu'il est en état de tester. En cas de contestation, les tribunaux désignent un membre de la famille chargé de déterminer les conditions et lieu de sépulture.

Le Code civil et le Code pénal imposent le ***respect du corps humain*** même après la mort (C. civ., art. 16-1-2 ; C. pén., art. 225-17). Ainsi, les expérimentations sur la personne qui se trouve en « coma dépassé » ou les prélèvements d'organes sur une personne décédée sont strictement limités et organisés.

L'article L. 1121-14, alinéa 1er du Code de la santé publique, prévoit qu'« aucune ***recherche biomédicale*** ne peut être effectuée sur une personne décédée, en état de mort cérébrale, sans son consentement exprimé de son vivant ou par le témoignage de sa famille ». « Le prélèvement d'organes sur une personne dont la mort a été dûment constatée ne peut être effectué qu'à des fins thérapeutiques ou scientifiques » à condition que la personne décédée n'ait pas fait connaître, de son vivant, son ***refus d'un tel prélèvement*** (CSP, art. L. 1232-1). Il est possible d'inscrire ce refus sur le ***registre national automatisé*** prévu à cet effet. Ce refus est révocable à tout moment.

Le ***cadavre*** n'est pas une personne mais une chose. Néanmoins, il ne s'agit pas d'une chose comme les autres : le cadavre est considéré comme sacré. Le ***Code civil*** dispose dans son article 16-1-1, alinéa 2 que « Le respect du corps humain ne cesse pas avec la mort. Les restes des personnes décédées, y compris les cendres de celles dont le corps a donné lieu à crémation, doivent être traités avec respect, dignité et décence ».

L'article 225-17, alinéa 2 du ***Code pénal*** réprime toute violation ou profanation de tombeaux, ***sépultures*** ou monuments édifiés à la mémoire des morts.

Chapitre 2

L'absence et la disparition

Dans certains cas, il est impossible de savoir si une personne est morte ou vivante. Si l'on ne sait plus depuis longtemps où elle se trouve, elle est dite « absente » ; si l'on a la certitude ou une quasi-certitude que la personne est décédée alors même que l'on n'a pas retrouvé son cadavre, elle est considérée comme « disparue ».

1 L'absence

Juridiquement, ***une personne absente est celle qui a cessé de paraître à son domicile ou à sa résidence sans avoir donné de nouvelles***. Par conséquent, on ne sait pas si cette personne est vivante ou morte. À la période de l'absence présumée succède celle de l'absence déclarée.

■ *La période de présomption d'absence*

L'article 112 du Code civil prévoit que « ***lorsqu'une personne a cessé de paraître au lieu de son domicile ou de sa résidence sans que l'on en ait eu de nouvelles***, le juge des tutelles peut, à la demande des parties intéressées ou du Ministère public, constater qu'il y a présomption d'absence ». Cette décision est publiée au Répertoire civil et mentionnée en marge de l'acte de naissance (CPC, art. 1064).

a) La situation de la famille

L'absent est considéré comme étant en vie. Par conséquent, le mariage subsiste et la présomption de paternité perdure.

b) La gestion des biens de l'absent

L'intervention du juge des tutelles n'est que ***subsidiaire*** en matière de gestion des biens de l'absent. Elle est inutile dans deux cas (art. 113 et s.) :

- lorsque le présumé absent a laissé une ***procuration*** suffisante afin de le représenter ou d'administrer ses biens ;
- lorsque le conjoint peut pourvoir suffisamment aux intérêts en cause par l'application du ***régime matrimonial*** et notamment par l'effet d'une décision obtenue sur le fondement des articles 217, 219, 1426 et 1429 du Code civil.

Dans les autres cas, le juge des tutelles a pour mission d'organiser la gestion des biens de l'absent. Pour cela, il peut désigner un ou plusieurs parents ou alliés, ou, le cas échéant, toute autre personne pour ***représenter la personne présumée absente et pour administrer tout ou partie de ses biens***. Le juge des tutelles peut éventuellement décider d'allouer une rémunération à cette personne.

La représentation du présumé absent et l'administration de ses biens sont soumises aux ***règles applicables à la tutelle des majeurs sans conseil de famille*** mais le juge a désormais la possibilité, à titre exceptionnel et par décision expresse, de soumettre la représentation de l'absent aux règles de l'habilitation familiale lorsque le représentant est une des personnes mentionnées à l'article 494-1 (ascendant, descendant, frère ou sœur, conjoint, partenaire ou concubin) (art. 113). Le Ministère public est spécialement chargé de veiller aux intérêts des présumés absents.

Le juge fixe, suivant l'importance des biens, les sommes qu'il convient d'affecter annuellement à l'***entretien de la famille et aux charges du mariage*** et détermine comment il est pourvu à l'entretien des enfants.

c) Le retour du présumé absent

Lorsque l'absent reparaît ou donne de ses nouvelles, le juge des tutelles met fin, sur sa demande, aux mesures prises pour sa représentation et pour l'administration de ses biens.

L'absent recouvre alors les ***biens gérés ou acquis pour son compte*** durant la période d'absence (art. 118).

d) Le décès du présumé absent

Le décès met fin à la période de présomption d'absence. Selon l'article 119 du Code civil, les ***droits acquis sans fraude*** sur le fondement de la présomption d'absence ne sont pas remis en cause en cas de décès établi de l'absent ou de déclaration judiciaire de décès, quelle que soit la date retenue pour le décès.

La déclaration d'absence

a) La procédure de déclaration d'absence

Les délais dans lesquels peut être déclarée l'absence peuvent être différents selon les cas :

- ***10 ans à compter du jugement constatant la présomption d'absence*** ou de la mise en œuvre des articles 217, 219, 1426 et 1429 du Code civil ;
- ***20 ans à compter du jour où la personne a cessé de paraître*** au lieu de son domicile ou de sa résidence dans les autres cas, c'est-à-dire à défaut de constatation judiciaire.

Après avoir été visés par le Ministère public, des extraits de la requête aux fins de déclaration d'absence sont publiés dans ***deux journaux diffusés dans le département*** ou, le cas échéant, dans le pays du domicile ou de la dernière résidence de la personne demeurée sans donner de nouvelles (art. 123, al. 1er). En outre, le tribunal saisi de la requête peut ordonner toute autre mesure de publicité dans tout lieu où il le juge utile (art. 123, al. 2).

Lorsque ces publications ont été effectuées, la requête est transmise au ***tribunal judiciaire*** de la dernière résidence de l'absent par l'intermédiaire du procureur de la République (art. 124, al. 1er). Le tribunal peut statuer au vu des éléments fournis ou ordonner toutes mesures d'informations complémentaires. La demande est formée, instruite et jugée comme en matière gracieuse (CPC, art. 1067).

Le ***jugement déclaratif d'absence*** doit être rendu un an au moins après la publication des extraits de la requête introductive d'instance. Par conséquent, cette dernière peut être présentée dans l'année précédant l'expiration des délais de 10 ou 20 ans prévus par l'article 122 du Code civil.

b) Les effets de la déclaration d'absence

Le jugement déclaratif d'absence est ***assimilé à un acte de décès***. Il prend effet au jour où le jugement est passé en force de chose jugée. Pour cela, plusieurs formalités doivent être accomplies :

- publication, dans un délai fixé par le tribunal, des extraits du jugement déclaratif selon les mêmes modalités que les extraits de la requête en déclaration d'absence ;
- transcription, à la requête du procureur de la République, du dispositif du jugement passé en force de chose jugée, sur les registres des décès du lieu du domicile de l'absent ou de sa dernière résidence ;
- mention de la transcription en marge des registres à la date du jugement déclarant l'absence ;

– mention de la transcription en marge de l'acte de naissance de la personne déclarée absente.

Le jugement déclaratif d'absence produit plusieurs ***autres effets*** :

– la transcription rend le jugement opposable aux tiers qui peuvent seulement en obtenir rectification en application des articles 99 et 99-1 du Code civil ;
– les mesures prises pour l'administration des biens de l'absent prennent fin sauf décision contraire du tribunal ou, à défaut, du juge qui les a ordonnées ;
– le conjoint de l'absent peut contracter un nouveau mariage.

c) Le retour de l'absent

La réapparition de l'absent produit plusieurs effets :

– ***l'annulation du jugement déclaratif d'absence*** peut être poursuivie à la requête du procureur de la République ou de toute partie intéressée (art. 129, al. 1er). Le dispositif du jugement est publié sans délai selon les mêmes modalités que la requête aux fins de déclaration d'absence. Mention de cette décision est portée, dès sa publication, en marge du jugement déclaratif d'absence et sur tout registre qui y fait référence (art. 129, al. 3) ;
– ***l'absent recouvre ses biens*** et ceux qu'il aurait dû recueillir pendant son absence dans l'état où ils se trouvent ainsi que le prix de ceux qui auraient été aliénés ou les biens acquis en emploi des capitaux ou des revenus échus à son profit (art. 130) ;
– toute personne qui aura provoqué par ***fraude*** une déclaration d'absence sera tenue de restituer à l'absent les revenus des biens dont elle aura eu la jouissance et de lui en verser les intérêts légaux à compter du jour de la perception sans préjudice, le cas échéant, de dommages-intérêts complémentaires (art. 131, al. 1er). Lorsque la fraude est imputable au conjoint de l'absent, ce dernier est recevable à attaquer la liquidation du régime matrimonial auquel le jugement déclaratif d'absence a mis fin (art. 131, al. 2) ;
– ***les héritiers sont considérés***, sauf preuve contraire, ***comme des possesseurs de bonne foi*** : ils conservent les fruits perçus de bonne foi (art. 549) ;
– ***le mariage*** reste dissous (art. 132).

2 La disparition

Lorsque l'on a la certitude ou une quasi-certitude qu'une personne est décédée mais que son cadavre n'a pas été retrouvé, son décès peut être déclaré judiciairement.

■ La requête aux fins de déclaration judiciaire de décès

Le procureur de la République ou toute partie intéressée peut déposer une requête afin d'obtenir la déclaration judiciaire de décès de tout Français disparu en France ou hors de France dans des circonstances de nature à mettre sa vie en danger, lorsque ***son corps n'a pu être retrouvé***. Cette procédure est également applicable lorsque le décès est certain mais que le corps n'a pu être retrouvé. Des textes spéciaux sont applicables par exemple en cas de disparition d'un avion (C. transp., art. L. 6132-3) ou de mort en déportation (CPMIVG, art. L. 512-3).

La requête peut être présentée au tribunal judiciaire de divers lieux selon les circonstances de la disparition :

- celui du lieu de la mort ou de la disparition, si celle-ci s'est produite sur un territoire relevant de l'autorité de la France ;
- sinon, au tribunal du domicile ou de la dernière résidence du défunt ou du disparu ;
- à défaut, au tribunal du lieu du port d'attache de l'aéronef ou du bâtiment qui le transportait ;
- à défaut de tout autre, le tribunal judiciaire de Paris est compétent.

Une ***requête collective*** peut être présentée lorsque ***plusieurs personnes ont disparu*** au cours d'un même événement, au tribunal du lieu de la disparition, à celui du port d'attache du bâtiment ou de l'aéronef ou au tribunal judiciaire de Paris ou à tout autre tribunal judiciaire que l'intérêt de la cause justifie (art. 89, al. 2).

■ Le jugement déclaratif de décès

Après avoir été transmise au tribunal par l'intermédiaire du procureur de la République, l'affaire est instruite et jugée en chambre du conseil (art. 90, al. 1er). Le tribunal peut ordonner toute mesure d'information complémentaire.

La ***date du décès est fixée en tenant compte des présomptions tirées des circonstances de la cause et, à défaut, au jour de la disparition*** ; elle ne doit jamais être indéterminée (art. 90, al. 3, *in fine*).

Le jugement déclaratif de décès donne lieu à plusieurs ***formalités*** :

- ***transcription*** du jugement déclaratif de décès sur les registres de l'état civil du lieu réel ou présumé du décès et, le cas échéant, sur ceux du lieu du dernier domicile du disparu ;
- ***mention*** de la transcription en marge des registres à la date du décès.

Lorsqu'il s'agit d'un jugement collectif, des extraits individuels du dispositif sont transmis aux officiers de l'état civil du dernier domicile de chacun des disparus en vue de la transcription.

Le jugement déclaratif de décès tient lieu d'***acte de décès***. Il est opposable aux tiers qui peuvent en obtenir la rectification conformément aux articles 99 et 99-1 du Code civil. Le jugement déclaratif de décès ayant les mêmes effets que le décès, le ***mariage*** est dissous et la ***succession*** s'ouvre.

■ *Le retour du disparu*

Lorsque la personne qui a fait l'objet d'un jugement déclaratif de décès reparaît, le procureur de la République ou tout intéressé peut poursuivre, dans les mêmes conditions que celles applicables à la déclaration judiciaire de décès (art. 89 et s.), l'annulation du jugement. Il est fait mention de l'***annulation du jugement*** déclaratif en marge de sa transcription (art. 89 et s. et 92).

Les ***règles applicables lors de la réapparition d'une personne déclarée absente***, c'est-à-dire les articles 130, 131 et 132 du Code civil (v. *supra*) le sont également au retour du disparu.

Chapitre 3

Les personnes morales

La personne morale est un groupement de personnes, plus rarement de biens (fondation). Elle possède des droits et devoirs, tout comme la personne physique. Les personnes morales sont des groupements considérés comme des sujets de droit. Pour qu'ils puissent fonctionner efficacement, il est nécessaire de leur donner une personnalité distincte de celle de ses membres, dénommée « personnalité morale ».

1 La nature des personnes morales

La question de la nature juridique de la personne morale a fait l'objet de plusieurs théories.

■ *La théorie de la fiction*

Selon la théorie de la fiction, seul un ***être humain*** peut être titulaire de la personnalité juridique : c'est seulement par une fiction que le législateur accorde la personnalité à un groupement dans les conditions qu'il détermine.

■ *Les théories négatrices de la personnalité morale*

Les tenants de cette théorie se sont divisés en deux groupes :
- pour les premiers, notamment Planiol, la personnalité morale serait en réalité une banale ***propriété collective*** ;
- pour les seconds, la personne morale ne serait en réalité qu'un ***patrimoine sans sujet***, un patrimoine affecté à un but.

■ *La théorie de la réalité*

Selon la théorie de la réalité, les groupements constituent une réalité ; ils n'existent pas seulement par la volonté du législateur. En effet, ***leur volonté est propre*** et différente de celle de leurs membres. Cette volonté collective leur confère par conséquent la personnalité morale. La théorie de la réalité se décline en deux tendances : les théories de la réalité psychosociologique et la théorie de la volonté collective.

■ *Le droit positif*

En ***droit positif***, la théorie de la réalité a triomphé. Néanmoins, le législateur accorde la personnalité morale et fixe les conditions d'octroi de celle-ci ainsi que l'étendue de la capacité, qui varient selon le type de groupement. Il intervient régulièrement pour affirmer ou infirmer la personnalité morale des groupements pour lequel existe un doute, s'inspirant ainsi plutôt de la théorie de la fiction.

2 La diversité des personnes morales

Il existe des personnes morales de droit public, de droit privé et des personnes morales de type mixte.

■ *Les personnes morales de droit public*

Les personnes morales de droit public sont l'État, des collectivités locales (régions, départements, collectivités d'outre-mer) et les établissements publics.

Les établissements publics tels que les universités, hôpitaux, chambres de commerce et d'industrie par exemple, sont également dotés de la personnalité juridique.

■ *Les personnes morales de droit privé*

Les personnes morales de droit privé sont des groupements de personnes physiques (associations, congrégations, sociétés, syndicats, groupements d'intérêt économique) ou des groupements de biens (fondations).

■ *Les personnes mixtes*

Certaines personnes morales sont parfois considérées comme ***mixtes***, notamment les établissements publics à caractère industriel et commercial (EPIC) telles que la SNCF. Il existe en effet des interpénétrations entre droit public et droit privé notamment lors de la création de ***sociétés d'économie mixte***.

3 Le régime juridique des personnes morales

Le régime juridique des personnes morales n'est pas uniforme. Chaque type de personne morale, voire chaque personne morale possède son propre régime juridique. Néanmoins, il existe un certain nombre de règles communes à toutes les personnes morales.

Il convient de distinguer d'une part les règles relatives à la naissance de la personnalité morale, d'autre part celles relatives à la condition juridique de celle-ci, enfin celles qui touchent à la disparition de la personnalité morale.

■ *La naissance de la personne morale*

Les règles relatives à l'octroi de la personnalité morale diffèrent selon le type de personne morale.

a) La société

« La société est instituée par deux ou plusieurs personnes qui conviennent par un contrat d'affecter à une entreprise commune des biens ou leur industrie en vue de ***partager le bénéfice ou de profiter de l'économie*** qui pourra en résulter » (C. civ., art. 1832, al. 1er). Dans certains cas et à des conditions précises fixées par la loi, une société peut être créée par une seule personne, sous la forme d'une entreprise unipersonnelle à responsabilité limitée (EURL) ou d'une société par actions simplifiée unipersonnelle (SASU). Selon l'article 1842, alinéa 1er du Code civil, toutes les sociétés, sauf les sociétés en participation, possèdent la personnalité morale dès leur ***immatriculation au registre du commerce et des sociétés***.

b) L'association

L'association est un groupement de personnes qui met en commun son activité dans un ***but non lucratif*** (L. 1er juillet 1901).

1) L'association non déclarée

L'association non déclarée est licite. Elle est autorisée sauf dans des cas exceptionnels. Cependant, elle ***n'est pas juridiquement une personne morale***.

2) L'association déclarée

La déclaration d'une association se fait à la préfecture. Le récépissé de déclaration préalable fait l'objet d'une insertion au ***Journal Officiel***.

3) L'association reconnue d'utilité publique

La reconnaissance d'utilité publique d'une association se fait par ***décret*** du gouvernement après avis du Conseil d'État.

c) Le syndicat

« Les syndicats professionnels ont exclusivement pour objet l'étude et la ***défense des droits*** ainsi que des intérêts matériels et moraux, tant collectifs qu'individuels, des personnes visées par leurs statuts » (C. trav., art. L. 2131-1).

La création du syndicat et par conséquent l'octroi de la personnalité se font par ***déclaration à la mairie***.

■ *La condition juridique de la personne morale*

Il existe un certain nombre de règles communes à l'ensemble des personnes morales ; d'autres sont spécifiques à un type de personne morale.

a) Les règles communes à toutes les personnes morales

Les règles communes à l'ensemble des personnes morales concernent la capacité, le nom, le domicile, la nationalité ainsi que l'« adhésion » à la personne morale.

Toutes les personnes morales voient leur capacité limitée par le ***principe de spécialité***. Une personne morale ne peut accomplir que les actes juridiques qui correspondent à son objet, déterminé dans ses statuts.

Chaque personne morale a un ***nom***, protégé contre les usurpations. Il s'agit de l'un des éléments d'identification de la personne morale. Il est choisi par les représentants de la personne morale.

Le domicile de la personne morale est le lieu de son ***siège*** réel. En cas de litige, le demandeur doit assigner le défendeur qui se trouve être une personne morale devant le tribunal du lieu où celle-ci est établie (CPC, art. 43). Par exception, la théorie dite « des ***gares principales*** », d'origine jurisprudentielle, permet au demandeur d'assigner la personne morale devant la juridiction dans le ressort de laquelle se trouve une succursale possédant des services administratifs.

Toute personne morale a une ***nationalité***. Elle est déterminée en considération de son siège social. La nationalité de la personne morale est indépendante de la nationalité de ses membres, personnes physiques. La nationalité permet de déterminer à quelle loi sera soumise la personne morale.

Chacun est libre d'adhérer ou non à une personne morale.

b) Les règles spécifiques à chaque personne morale

1) La société

La ***capacité*** de la société est souvent vaste, à l'image de son objet.

Pour les sociétés à but lucratif, le ***nom*** a un caractère patrimonial marqué : il peut être cédé.

La volonté de la personne morale se forme par la loi de la ***majorité***.

2) L'association

L'étendue de la capacité de l'association dépend de ses modalités de formation, prévues dans ses statuts :

- ***l'association non déclarée :*** elle ne peut acquérir de biens ;
- ***l'association déclarée :*** elle a la « petite personnalité », c'est-à-dire qu'elle peut percevoir des cotisations de ses membres, ester en justice, acquérir et être propriétaire des immeubles nécessaires à son fonctionnement. En revanche, elle ne peut recevoir des dons et legs (à l'exception des dons manuels) ;
- ***l'association reconnue d'utilité publique :*** elle possède la « grande personnalité » c'est-à-dire qu'elle a la même capacité que l'association déclarée mais elle peut également recevoir des dons et legs après autorisation du préfet ou du gouvernement par décret en Conseil d'État, selon la somme.

3) Le syndicat

Le principe de spécialité joue rarement pour les syndicats car la loi leur permet de conclure parfois des actes qui ne répondent qu'indirectement à leur objet.

Les syndicats ont la ***pleine capacité*** sans autorisation dès la déclaration. Ils peuvent recevoir des libéralités sans autorisation et acquérir des meubles et immeubles. De plus, l'article L. 2132-3 du Code du travail prévoit que les syndicats professionnels « peuvent devant toutes les juridictions, exercer tous les droits réservés à la partie civile, concernant les faits portant un préjudice direct ou indirect à l'intérêt collectif de la profession qu'ils représentent ».

Il existe une hiérarchie entre les syndicats : on distingue les syndicats « les plus ***représentatifs*** de la profession » des autres. Les premiers ont des attributions plus importantes ; ils concluent notamment les conventions collectives du travail. Tous possèdent la « ***grande personnalité*** ».

La volonté du syndicat se forme par la loi de la ***majorité***.

■ *La disparition de la personne morale*

Il existe plusieurs formes de dissolutions de la personne morale :

- décision judiciaire ;
- disparition de plein droit ;
- volonté des associés ;
- volonté de l'administration ;
- volonté du législateur.

Chapitre 4

La protection du corps humain et de la vie humaine

Le droit français accorde à chaque personne la protection de son individualité propre et notamment de son individualité physique à travers la protection du corps humain. Plus généralement, le droit protège la vie humaine.

Les ***droits de la personnalité*** ne font pas partie du patrimoine, ils sont attachés à la personne. Ils sont les mêmes pour chaque individu puisqu'ils sont des attributs de la personne humaine. Les droits de la personnalité ne peuvent être saisis par les créanciers ; ils sont imprescriptibles et hors commerce. Ils s'éteignent avec la personne. Ces principes peuvent néanmoins subir des atténuations. Les droits de la personnalité assurent la protection à la fois physique et morale de la personne.

1 La protection du corps humain

L'article 16-1 du Code civil, issu de la loi « Bioéthique » du 29 juillet 1994, dispose que « chacun a droit au respect de son corps ».

Les lois « *Bioéthique* » ont permis d'assurer le respect du corps humain contre, d'une part, les atteintes dues aux tiers, qu'il s'agisse de l'État ou d'un particulier et, d'autre part, les atteintes que la personne peut se porter à elle-même.

■ *La définition du corps humain*

Le corps humain n'est pas défini précisément. La loi de 1994 se contente de distinguer le corps humain de ses éléments et produits. Néanmoins, aucune de ces notions n'a été définie par les textes. Le corps humain est le contenant des éléments et produits (dents ou lait par exemple).

Le principe d'inviolabilité du corps humain

L'article 16-1, alinéa deuxième du Code civil dispose que « Le corps humain est inviolable ». L'inviolabilité est une règle ancienne qui vise à ***protéger le corps humain contre les atteintes de tiers***. L'article 16-4 du Code civil pose le principe de la protection de l'intégrité de l'espèce humaine en interdisant notamment toute pratique eugénique ou de clonage humain et toute atteinte aux caractéristiques génétiques dans le but de modifier la descendance de la personne. Certains textes protègent le corps humain contre les atteintes illicites des tiers, qu'il s'agisse du droit pénal (homicide, coups et blessures) ou du droit civil (responsabilité civile).

Ces principes peuvent connaître des limitations :

- il existe des atteintes à caractère licite prévues par un texte telles que la vaccination obligatoire, le port obligatoire de la ceinture de sécurité ou du casque, les peines d'emprisonnement ou la contrainte par corps. L'article 16-2 du Code civil limite l'intervention du juge aux atteintes illicites. Les atteintes licites sont par conséquent admises alors qu'elles sont contraires au principe d'indisponibilité ;
- l'article 16-3 du Code civil prévoit qu'il peut être porté atteinte à l'intégrité du corps humain en cas de nécessité thérapeutique à condition que l'intéressé y consente, sauf s'il n'est pas à même de le faire et que cette intervention est rendue nécessaire par son état.

Les principes de non-patrimonialité et d'indisponibilité du corps humain

Le corps humain est ***indisponible,*** c'est-à-dire qu'il ne peut faire l'objet de conventions, qu'elles soient ***à titre gratuit ou à titre onéreux.*** Il s'agit d'un principe ancien auquel le législateur a apporté quelques assouplissements, notamment en matière de dons d'éléments ou de produits du corps humain (don de sang ou de sperme, don d'organe) ou de réglementation des expérimentations sur l'être humain.

Avant même la loi de 1994, le ***principe d'indisponibilité du corps humain*** avait été largement consacré par la jurisprudence (notamment à propos des transsexuels et surtout des mères porteuses). Un certain nombre d'articles du Code civil issus de la loi de 1994 abordent la question de l'indisponibilité du corps humain en termes de ***non-patrimonialité***. Ces deux principes doivent être liés. En effet, le corps humain est indisponible, c'est-à-dire qu'il ne peut faire l'objet de conventions.

L'article 16-1, alinéa 3 du Code civil prévoit que « le corps humain, ses éléments et ses produits ne peuvent faire l'objet d'un droit patrimonial ». De même, l'article 16-5 dispose que « les conventions ayant pour effet de conférer une valeur patrimoniale au corps humain, à ses éléments ou à ses produits sont nulles ». Enfin, l'article 16-6 du Code civil prohibe toute rémunération pour « celui qui se prête à une expérimentation sur sa personne, au prélèvement d'éléments de son corps ou à la collecte de produits de celui-ci ».

Depuis la loi du 19 décembre 2008, l'article 16-1-1 du Code civil dispose que « Le respect dû au corps humain ***ne cesse pas avec la mort***. Les restes des personnes décédées, y compris les cendres de celles dont le corps a donné lieu à crémation, doivent être traités avec respect, dignité et décence ».

Ces règles sont assorties de sanctions pénales (C. pén., art. 511-2, 511-3 et 511-6).

Quelques atténuations à ces principes ont été posées :

- certains éléments du corps humain font l'objet d'une commercialisation que la coutume admet plus ou moins tels que les cheveux, les dents ou le lait ;
- les prélèvements d'organes et de sang sont autorisés dans les limites strictement définies par la loi et gratuitement, permettant de ne pas donner de valeur patrimoniale à ces éléments du corps humain.

2 La protection de la vie humaine

La protection de la vie humaine implique le droit à la vie mais, paradoxalement aussi le droit à la mort.

■ *Le droit à la vie*

Le droit à la vie est proclamé par de nombreux textes notamment :

- l'article 3 de la Déclaration universelle des droits de l'Homme : « Tout individu a droit à la vie, à la liberté et à la sûreté de sa personne » ;
- l'article 2 de la Convention européenne des droits de l'Homme : « Le droit de toute personne à la vie est protégé par la loi » ;
- l'article 6-1 du Pacte des Nations unies relatif aux droits civiques et politiques : « Le droit à la vie est inhérent à la personne humaine. Ce droit doit être protégé par la loi. Nul ne peut être arbitrairement privé de la vie » ;
- l'article 6-1 de la Convention de New York sur les droits de l'enfant : « Les États parties reconnaissent que tout enfant a un droit inhérent à la vie ».

■ *Le droit à la mort*

Chacun est libre de se donner la mort. Le suicide n'est pas réprimé pénalement en droit français. Néanmoins, la ***provocation au suicide*** est sanctionnée par le Code pénal (C. pén., art. 223-13 à 223-15) depuis la loi du 31 décembre 1987.

L'***euthanasie***, qui peut être définie comme le droit de demander à autrui de donner la mort à soi-même est prohibée en droit français. La loi du ***4 mars 2002*** relative aux droits des malades et à la qualité du système de santé a introduit dans le Code de déontologie médicale un article disposant que le médecin « doit s'abstenir de toute obstination déraisonnable dans les investigations ou la thérapeutique et peut renoncer à entreprendre ou poursuivre des traitements qui apparaissent inutiles, disproportionnés ou qui n'ont d'autre objet ou effet que le maintien artificiel de la vie » (CSP, art. R. 4127-37 ; ancien art. 37 du code de déontologie).

La ***loi du 22 avril 2005*** relative aux droits des malades a imposé l'obligation de dispenser des soins palliatifs et permis à toute personne, en phase terminale d'une affection grave et incurable, de décider de limiter ou d'arrêter les traitements (CSP, art. L. 1111-10).

La ***loi n° 2016-87 du 2 février 2016*** pose désormais le principe selon lequel « Toute personne a le droit de refuser ou de ne pas recevoir un traitement » (CSP, art. L. 1111-4, al. 2) et « a le droit de recevoir des traitements et des soins visant à soulager sa souffrance » (CSP, art. L. 1110-5-3). Dans certains cas, « une sédation profonde et continue provoquant une altération de la conscience maintenue jusqu'au décès, associée à une analgésie et à l'arrêt de l'ensemble des traitements de maintien en vie » peut désormais être mise en œuvre (CSP, art. L. 1110-5-2).

Chapitre 5

La protection de l'intégrité morale de la personne humaine

Le respect de l'intégrité morale de la personne constitue, comme le respect de son intégrité physique, un droit de la personnalité. La protection de la vie privée, de la voix et de l'image sont des droits de la personnalité, de même que les atteintes à sa dignité, son honneur et sa réputation par exemple.

1 Le droit au respect de la vie privée

L'article 9 du Code civil prévoit que « chacun a droit au respect de sa vie privée ». Chaque individu a le droit de garder secrète l'intimité de son existence, qui doit être protégée contre toute divulgation ou contre l'investigation. Ce principe est consacré par de nombreuses conventions internationales. La jurisprudence réaffirme régulièrement le principe général du droit au respect de la vie privée qui doit s'appliquer à ***toute personne***, quels que soient son rang, sa naissance, sa fortune, ses fonctions présentes ou à venir.

■ *Les domaines protégés*

La vie privée recouvre un certain nombre de domaines : identité, filiation, vie familiale, vie sentimentale, vie conjugale ou extraconjugale, santé, domicile et résidence, sexe, pratique religieuse, etc., même si les informations sont présentées de manière élogieuse.

■ *Les domaines litigieux*

Certains domaines, tels que la vie professionnelle, l'argent, le patrimoine, la vie privée des personnages publics ou des gens du spectacle, prêtent à discussion.

L'employeur n'est pas autorisé à demander des précisions au ***salarié***, lors de l'embauche, sur des éléments relatifs à la vie privée sauf si cette demande est faite dans l'intérêt du salarié (handicapé notamment). Un licenciement ne peut être fondé sur un motif relevant de la vie privée du salarié, sauf si cet élément personnel cause un trouble caractérisé à l'employeur. Le salarié a droit au respect de l'intimité de sa vie privée sur son lieu de travail et donc au secret de sa correspondance, notamment des courriels. De manière générale, la vie professionnelle est considérée comme faisant partie de la vie publique.

Pour les ***personnages publics***, la vie professionnelle et la vie privée sont souvent peu dissociables. Un personnage public a droit au respect de sa vie privée comme toute autre personne. La Cour européenne des droits de l'Homme considère qu'un équilibre doit être trouvé entre le droit au respect de la vie privée d'un personnage public et la ***contribution au débat d'intérêt général*** : l'atteinte au droit au respect de la vie privée ne se justifie que si l'information contribue à un « débat ou un événement d'intérêt général ou de l'histoire contemporaine » (*CEDH, 24 juin 2004, n° 29320/00, Von Hannover c/Allemagne*).

■ *Les domaines exclus*

La jurisprudence a longtemps considéré que ***le patrimoine et l'argent*** faisaient partie de la vie privée mais la solution est désormais inverse.

Le ***consentement*** de la personne intéressée à la divulgation de sa vie privée exclut toute atteinte, à condition que soit respectée l'étendue de la divulgation qu'elle a entendu consentir. Néanmoins, ce consentement passé ne vaut pas pour l'avenir : toute nouvelle divulgation doit être autorisée pour ne pas être sanctionnée. En revanche, le consentement passé peut conduire à réduire l'étendue du préjudice.

2 Le respect du droit à l'image

La nature juridique du droit à l'image est controversée. Il peut être considéré comme l'une des manifestations du droit au respect de la vie privée ou comme un droit spécifique.

Le droit à l'image a été ***reconnu par la jurisprudence*** dès le XIXe siècle : une personne peut s'opposer à ce qu'un tiers prenne d'elle une photographie ou un film, et à ce que son image soit publiée dans la presse ou exposée à la vue du public. Chaque personne a droit à ce que son image ne soit ni reproduite ni publiée sans son ***autorisation***. L'autorisation doit en principe être expresse. L'***image d'un bien*** peut parfois également révéler la vie privée des personnes. Il n'est pas exigé que le tiers ait agi avec malveillance. La reproduction des traits d'une personne sans son consentement est en principe fautive, en ce qu'elle constitue la violation d'un droit subjectif. La jurisprudence ne fait pas référence à l'article 1240 du Code civil, c'est-à-dire qu'elle n'exige pas la caractérisation de la faute et du préjudice.

Le droit de s'opposer à la reproduction du document ***comporte des limites*** : d'une part, le droit à l'information justifie parfois leur diffusion, d'autre part, le ***lieu de la photographie*** peut justifier sa publication, ainsi la rue, la plage ou le stade ***ayant un caractère public***, la reproduction de la photographie ne saurait alors être subordonnée à l'accord de chacune des personnes présentes. Il en va différemment si le lieu public n'est pas l'objet de la photographie mais le cadre dans lequel des personnes déterminées sont photographiées.

Depuis quelques années, la jurisprudence a amorcé une évolution dans le sens d'une remise en cause du caractère absolu du droit à l'image fondé sur le respect de l'article 10 de la Convention européenne des droits de l'Homme. Il convient en effet de trouver un ***équilibre entre respect du droit à l'image et respect du droit à l'information***, comme en matière de respect de la vie privée (v. ci-dessus).

3 Le respect du droit à la voix

La voix constitue un attribut de la personnalité. Il n'est pas possible d'***enregistrer la voix*** d'une personne sans son autorisation, qu'il s'agisse ou non de la voix d'un chanteur.

En outre, chaque individu peut interdire que l'on ***imite sa voix*** dans des conditions susceptibles de créer une confusion ou de lui causer quelque autre préjudice. La jurisprudence considère la voix comme un ***attribut de la personnalité***. Le régime juridique est donc identique à celui organisant la protection du droit à l'image.

4 Les autres droits assurant le respect de l'intégrité morale

L'article 16 du Code civil, issu des lois *Bioéthique* du 29 juillet 1994, entend notamment assurer la « ***primauté de la personne humaine*** ». Peuvent être inclus dans cette notion la dignité, l'honneur et la réputation ou l'innocence.

Il existe également un certain nombre de droits qui assurent le respect de la personnalité tel que le secret de la correspondance, des télécommunications, le secret professionnel, etc.

5 Les sanctions de la violation de l'intégrité morale

La violation de l'intégrité morale d'une personne entraîne la mise en œuvre de sanctions civiles mais également de sanctions pénales.

Les sanctions civiles

La violation des droits de la personnalité entraîne les sanctions civiles ordinaires des droits subjectifs. Le titulaire d'un droit peut obtenir réparation du dommage que lui cause la violation de ce droit. Le droit commun de la responsabilité civile est possible mais mal adapté (art. 1240 et 1241). Le recours à l'***article 9 du Code civil*** permet en revanche à la fois :

- l'octroi de dommages-intérêts ;
- le recours à certaines mesures destinées à ***empêcher ou à faire cesser une atteinte à l'intimité de la vie privée***, telles que le séquestre ou la saisie de l'œuvre par exemple. Les juges peuvent également ordonner la suppression de certains passages d'une publication. Ces mesures peuvent être ordonnées en référé en cas d'urgence.

Le ***droit de réponse*** permet à un particulier qui est nommé ou seulement désigné de faire connaître son point de vue sur la mise en cause dont il est l'objet.

Les sanctions pénales

Le Code pénal réprime certaines immixtions graves dans la vie privée telle que la ***violation de domicile*** ou l'ouverture de lettre ainsi que certaines révélations relatives à la vie privée, par exemple le délit de ***violation du secret professionnel***.

Le ***Code pénal***, dans ses ***articles 226-1 et suivants***, regroupe les atteintes à la personnalité : atteintes à la vie privée, atteintes à la représentation de la personne, dénonciation calomnieuse, atteintes au secret, atteintes aux droits de la personne résultant des fichiers et traitements informatiques, etc.

Des infractions prévues en dehors du Code pénal lui-même permettent de réprimer les atteintes à l'intégrité morale (par exemple, L. 29 juill. 1881 en matière de presse).

PARTIE 2

L'identification de la personne

Chapitre 6

La notion d'état de la personne

L'état de la personne est constitué d'une série de particularités ou de qualités auxquelles la loi attache diverses conséquences juridiques. Il s'agit d'éléments qui concourent à individualiser chaque personne dans la société (telles que la date et le lieu de naissance, le nom, le prénom, le sexe, la capacité, le domicile, la filiation le mariage, la nationalité, etc.). L'état de la personne possède un certain nombre de caractères. Il fait l'objet d'une protection assurée par les actions d'état.

1 Les caractères de l'état de la personne

L'état de la personne est impératif, indivisible, personnel, immuable, indisponible et imprescriptible.

■ Caractère impératif

La loi fixe, sans qu'il puisse y être dérogé, les différentes règles selon lesquelles se perd, s'acquiert ou se modifie tel ou tel élément de l'état des personnes, ainsi que les droits et devoirs qui en découlent pour l'individu. ***L'état d'une personne est opposable à tous***.

■ Caractère personnel

Les éléments de l'état de la personne sont liés à la ***personne*** et non au patrimoine de celle-ci. Il découle de ce caractère personnel deux autres caractères :

- ***l'état de la personne est indivisible*** : il n'est pas possible d'avoir deux ou plusieurs états. On ne peut non plus choisir ou renoncer à certains éléments de son état ;
- ***l'état de la personne est insaisissable*** : les créanciers ne peuvent exercer les actions d'état, qui appartiennent à leur débiteur, au nom de celui-ci (art. 1341-1). L'action d'état ne peut être exercée non plus par des héritiers sauf exceptionnellement, lorsque la personne est décédée avant l'expiration du délai qui lui était imparti pour agir ou lorsque les héritiers poursuivent une

action déjà engagée par la personne intéressée avant sa mort (sauf en cas de désistement ou de péremption d'instance ; art. 322).

■ Caractère immuable

En principe, il n'est pas possible de ***changer d'état***.

L'immutabilité n'est cependant pas absolue. La loi permet une ***mutabilité contrôlée*** : il est permis de changer de nom, de nationalité et désormais de sexe (v. *infra*), à des conditions souvent très restrictives mais certains éléments restent immuables tels que date et lieu de naissance.

■ Caractère indisponible

Le principe de l'indisponibilité des personnes signifie que ***nul ne peut disposer de l'état d'une personne*** c'est-à-dire modifier à sa convenance son sexe, son âge ou sa filiation par exemple.

L'état de la personne est ***hors du commerce***. Toute convention en matière d'état des personnes est nulle. Certaines conventions constituent même des infractions pénales, comme la supposition d'enfant.

Le caractère indisponible de l'état implique l'interdiction de renoncer à l'avance à se prévaloir de son état : « Les actions relatives à la filiation ne peuvent faire l'objet de renonciation. » (art. 323).

■ Caractère imprescriptible

En application du principe de l'imprescriptibilité de l'état, il n'est pas possible de perdre ou d'acquérir un élément de son état par le seul effet de l'écoulement d'un certain temps. Ce principe doit être relativisé aujourd'hui : ainsi, certaines actions d'état ne peuvent plus être exercées à l'issue d'un délai, par exemple les actions relatives à la filiation (10 ans ; art. 321).

2 Les actions d'état

Les actions d'état sont les ***actions en justice*** qui ont pour objet une question d'état des personnes, qu'il s'agisse de ***constituer*** ou de ***modifier*** celui-ci. Elles sont traditionnellement réparties entre d'une part les actions déclaratives d'état, qui ont pour objet de reconnaître une situation (ex. : actions en recherche de paternité ou de maternité), et d'autre part les actions d'état constitutives qui ont pour objet la création d'un nouvel état qui se substitue à un état antérieur (ex. : adoption, divorce). Elles visent à protéger l'état de la personne. Les caractères des actions d'état découlent de ceux de l'état des personnes : elles sont personnelles, incessibles et indisponibles, insusceptibles de renonciation et de transaction mais elles ne sont pas imprescriptibles.

Les actions d'état doivent en principe être portées devant le tribunal judiciaire, en application de l'article 318-1 du Code civil, lequel pose un principe formulé pour la filiation, qui a été étendu à toutes les actions d'état. Lorsqu'une question touchant à l'état civil se pose à une autre juridiction, celle-ci doit surseoir à statuer jusqu'à ce que le tribunal judiciaire ait tranché cette question. Par exception, les tribunaux répressifs peuvent se prononcer sur une question d'état sauf en cas d'infraction portant atteinte à la filiation de l'individu (art. 319). Certaines actions d'état ne relèvent pas de la compétence du tribunal judiciaire (ex. : changement de nom ou de prénom, actions qui relèvent du droit de la nationalité).

3 Les preuves de l'état de la personne

L'état civil est une institution destinée à rendre publics les principaux éléments qui individualisent la personne.

■ *Les services de l'état civil*

L'officier d'état civil a pour mission de recevoir les actes de l'état civil.

Les officiers d'état civil sont en principe le ***maire*** et les adjoints (CGCT, art. L. 2122-32). Le maire peut ***déléguer*** une partie de ses fonctions à ses adjoints et, en l'absence ou en cas d'empêchement de ceux-ci, à des membres du conseil municipal (CGCT, art. L. 2122-18), sauf la célébration du mariage (CGCT, art. R. 2122-10).

La ***compétence* ratione materiae** de l'officier d'état civil est définie : il a une compétence pour l'acte de naissance, l'acte de mariage et l'acte de décès. Il s'agit d'une compétence exclusive. Il a également compétence pour la reconnaissance des enfants et la déclaration de pacs, qu'il partage avec les notaires (art. 316 et 515-3).

La ***compétence territoriale*** est celle de la commune. L'officier d'état civil ne peut instrumenter que pour des actes ayant un lien territorial avec la commune, sauf pour la reconnaissance d'un enfant qui peut avoir lieu dans n'importe quelle mairie.

■ *La rédaction des actes de l'état civil*

Il existe des règles générales de rédaction applicables à tous les actes de l'état civil, d'autres sont spécifiques à chaque type d'acte.

a) Les règles générales

1) Les registres

Les actes de l'état civil sont rédigés sur des registres ou sur des feuilles de papier libre qui seront ultérieurement reliées (art. 40, al. 1er).

Les actes sont inscrits dans un registre qui existe dans chaque mairie et qui est unique ou subdivisé en trois : naissance, mariage, décès. Le registre unique ou les trois registres sont tenus en double. Chaque année, le ou les registres sont clos : l'un des originaux reste à la ***mairie***, l'autre est déposé au ***greffe du tribunal judiciaire.*** Les communes dont le traitement automatisé des données de l'état civil répond à certaines conditions et caractéristiques techniques sont dispensées d'établir un second exemplaire (art. 40, al. 2). Cette dispense est également applicable aux actes de l'état civil établis par le ministère des Affaires étrangères (art. 40, al. 3).

Dans plusieurs hypothèses, les textes prévoient ***une inscription en marge*** d'un acte de l'état civil, essentiellement l'acte de naissance, de la date, de la nature et du lieu d'établissement d'autres actes de l'état civil qui intéressent la même personne (notamment date et lieu du décès ou du mariage). Il s'agit de rassembler sur un même document des informations éparses. Depuis 1989, ces mentions ne sont plus reportées sur les registres possédés par le greffe.

2) Les actes de l'état civil des Français nés à l'étranger

Les ***actes de l'état civil des Français nés à l'étranger*** sont dressés par les agents diplomatiques et les consuls de France dans les pays étrangers (art. 48, al. 1er). À défaut, ils peuvent être dressés par les autorités locales puis doivent être retranscrits sur les registres tenus par les agents diplomatiques ou consulaires (D. 6 mai 2017 relatif à l'état civil, art. 24). Le double de ces registres est conservé à Nantes au service central d'état civil, qui gère également le répertoire civil des Français nés à l'étranger.

3) Le répertoire civil

Le ***répertoire civil*** est un registre tenu au greffe du tribunal judiciaire où sont portés des extraits de jugement concernant l'état des personnes, certaines demandes en justice concernant l'état des personnes et certaines intéressant les mesures de protection des majeurs et les régimes matrimoniaux (CPC, art. 1057). Le répertoire civil où une indication doit être notée est celui du lieu de naissance de l'intéressé. Le greffier du tribunal judiciaire est chargé de la tenue de ce répertoire (CPC, art. 1058). En marge de l'acte de naissance de l'intéressé, une indication « RC » suivie d'une référence permet de savoir quelle demande, acte ou jugement a été conservé au répertoire civil et dans quel registre (CPC, art. 1059).

b) Les règles particulières à certains actes

1) L'acte de naissance

Déclarer la naissance est une obligation civile qui pèse sur le père de l'enfant, à défaut sur le médecin ou sur la sage-femme ou encore sur les autres personnes ayant assisté à l'accouchement et enfin sur la personne chez qui la mère a accouché (art. 55 et s.).

La naissance ***doit être déclarée en principe dans les cinq jours de l'accouchement*** sous peine de sanctions civiles. En cas de retard, l'officier d'état civil doit refuser de dresser l'acte de naissance qui ne pourra l'être qu'à la suite d'un jugement.

L'acte est dressé immédiatement suivant les indications du déclarant (art. 56, al. 2). Il doit énoncer le ***lieu, la date et l'heure de la naissance, le sexe de l'enfant et si possible sa filiation***. L'acte de naissance est reçu à la ***mairie du lieu de naissance*** (art. 55, al. 1er).

Lorsqu'un ***enfant est trouvé ou déclaré sans indication de filiation***, l'officier d'état civil lui attribue trois prénoms, dont le dernier tient lieu de nom de famille à l'enfant (art. 57, al. 2). Il dresse un procès-verbal qui relate les circonstances de la découverte. Le procès-verbal est inscrit sur les registres de l'état civil puis l'officier d'état civil établit un acte qui tient lieu d'acte de naissance (art. 58).

En cas d'***adoption***, la décision qui la prononce est transcrite sur les registres d'état civil du lieu de naissance de l'enfant ; cette transcription tient lieu d'acte de naissance.

2) L'acte de décès

Aucune inhumation ne peut avoir lieu avant 24 heures suivant le décès et ne peut se faire sans présentation d'une autorisation délivrée par l'officier d'état civil au vu d'un ***certificat délivré par un médecin*** (CGCT, art. R. 2213-7 et s.). L'acte de décès est dressé d'après les déclarations d'une personne autant que possible parente du défunt ou sur celle d'une personne possédant sur son état civil les renseignements les plus exacts et les plus complets qu'il sera possible (art. 78). L'article 79 du Code civil énumère les énonciations que doit contenir l'acte de décès. La mention des circonstances de la mort n'est pas exigée et même parfois prohibée (art. 85). L'officier de l'état civil peut solliciter la vérification (art. 78, al. 2).

■ *La sanction des règles de rédaction*

La sanction des règles de rédaction des actes de l'état civil peut être la nullité ou plus souvent la rectification. Le remplacement et la reconstitution d'actes manquants sont également possibles dans certains cas.

Les irrégularités dans les actes de l'état civil sont sanctionnées par une ***amende*** frappant l'officier d'état civil et des dommages-intérêts mis à sa charge.

Le procureur de la République doit vérifier annuellement les registres d'état civil. S'il constate des erreurs ou des omissions purement matérielles et évidentes, « il dressera un procès-verbal sommaire de la vérification, dénoncera les contraventions ou délits commis par les officiers de l'état civil, et requerra contre eux la condamnation aux amendes » (art. 53).

a) Les nullités

La nullité d'un acte d'état civil irrégulier est exceptionnelle et réservée à des cas tels que celui dans lequel la personne qui a dressé l'acte n'était pas officier d'état civil ou lorsqu'un acte faisait état d'une naissance qui n'a jamais eu lieu.

Le tribunal judiciaire est compétent pour ordonner l'annulation d'un acte de l'état civil. Le procureur de la République territorialement compétent peut également faire procéder à l'annulation de l'acte lorsque celui-ci est irrégulièrement dressé (art. 99, al. 3).

b) La rectification

La rectification permet de corriger les ***irrégularités, lacunes, erreurs*** dans les actes d'état civil. Lorsque l'acte contient une omission ou une mention prohibée par la loi ou une faute d'orthographe dans les noms, il peut être rectifié. En revanche, une action d'état est nécessaire et la simple rectification impossible, par exemple lorsqu'une personne prétend que la mention des parents que lui attribue l'acte de naissance est inexacte.

Il y a ***deux modes de rectification de l'état civil*** (art. 99 et 99-1) :

- ***rectification administrative*** : l'officier d'état civil est désormais compétent pour rectifier les erreurs ou « les erreurs ou omissions purement matérielles » (C. civ., art. 99-1, al. 1er ; CPC, art. 1047). Il fait procéder aux rectifications qui en découlent sur les actes dont il n'est pas dépositaire (art. 99-1, al. 2). Le procureur de la République, territorialement compétent, peut également faire procéder à la rectification administrative de ces erreurs et omissions en donnant directement les instructions utiles aux dépositaires des registres du ou des actes erronés (art. 99-1, al. 4) ;
- ***rectification judiciaire*** : lorsque l'acte est incomplet, surabondant ou comprend des énonciations inexactes, toute personne ayant un intérêt au moins moral ainsi que le Ministère public peuvent en demander la rectification (CPC, art. 1049) au président du tribunal judiciaire de la juridiction du lieu où demeure la personne dont l'état civil est en cause ou celle du lieu où l'acte d'état civil a été dressé ou transcrit, ou celui du lieu de la juridiction qui a rendu le jugement déféré. Les personnes habilitées à exercer les fonctions d'officier de l'état

civil au service central d'état civil du ministère des Affaires étrangères sont compétentes pour la rectification des actes détenus par ce service (art. 99-2, al. 1er) ; les personnes habilitées à exercer les fonctions d'officier de l'état civil auprès de l'Office français de protection des réfugiés et apatrides procèdent à la rectification des certificats tenant lieu d'acte de l'état civil établis conformément au Code de l'entrée et du séjour des étrangers et du droit d'asile (art. 99-2, al. 2).

La décision est mentionnée en marge de l'acte rectifié et de tous les actes concernés (CPC, art. 1054). Après cette inscription en marge, les expéditions de l'acte d'état civil concerné qui seront délivrées devront tenir compte de la rectification (art. 101).

c) Le remplacement et la reconstitution d'actes manquants

En cas de lacune dans la tenue d'un registre, de perte ou de destruction de celui-ci, la preuve en sera reçue ***tant par titres que par témoins***. Dans ces cas, les mariages, naissances et décès pourront être prouvés tant par les registres et papiers émanés des pères et mères décédés, que par témoins (art. 46, al. 1er). Il peut être suppléé par des ***actes de notoriété***, délivrés par un notaire (art. 46, al. 2) à tous les actes de l'état civil dont les originaux ont été détruits ou ont disparu par suite d'un sinistre ou de faits de guerre, jusqu'à ce que la reconstitution ou la restitution des registres ait été effectuée (art. 46, al. 2).

■ *La fonction des actes de l'état civil*

Les actes de l'état civil ont une fonction de publicité et une fonction probatoire.

a) La publicité des actes de l'état civil

La publicité des actes de l'état civil est assurée d'une part par la ***délivrance d'expéditions ou d'extraits*** de ces actes (l'expédition est une copie intégrale d'un acte d'état civil, l'extrait est une copie partielle d'un acte de l'état civil) et d'autre part par le ***livret de famille***. Il n'est pas possible de consulter directement les actes de naissance et de mariage datant de moins de 75 ans sauf autorisation écrite du procureur de la République. Les actes de décès sont consultables immédiatement.

1) La délivrance d'expéditions ou d'extraits

Un dispositif dématérialisé de délivrance de données de l'état civil existe depuis quelques années sous le nom de *COMEDEC*. Il a vocation à centraliser l'ensemble des demandes d'acte adressées aux communes ; il est obligatoire depuis le 1er novembre 2018 pour les communes sur le territoire desquelles est située ou a été établie une maternité.

Qui peut avoir accès aux actes de l'état civil ?

Acte concerné	Personne pouvant obtenir l'acte
Copie intégrale d'un acte de décès Extrait de naissance Extrait d'acte de mariage Copies ou extraits du répertoire civil	Toute personne
Copie intégrale de l'acte de naissance Copie intégrale de l'acte de mariage	Personne majeure ou mineure émancipée que l'acte concerne Procureur de la République Ascendants et descendants Tuteur Conjoint Personnes qui ont obtenu une autorisation du procureur de la République, à défaut du président du tribunal judiciaire
Acte de reconnaissance d'un enfant	Personne majeure ou mineure émancipée que l'acte concerne Procureur de la République Ascendants et descendants Tuteur Conjoint Personnes ayant obtenu une autorisation du procureur de la République, à défaut du président du tribunal judiciaire Héritiers de l'enfant Administrations publiques
Extrait de naissance ou d'acte de mariage	Toute personne, sans justification

2) Le livret de famille

Le livret de famille est un ***recueil d'extraits d'actes de l'état civil***. Il est détenu par les particuliers intéressés. Le livret de famille des époux leur est remis après la célébration du mariage. Un livret de famille analogue est remis à l'auteur d'une reconnaissance d'un enfant né hors mariage ou aux parents de cet enfant (livret commun) ou encore à l'adoptant lors de la transcription sur les registres de l'état civil du jugement d'adoption d'un enfant.

b) La force probante des actes de l'état civil

Les actes de l'état civil ***prouvent l'état des personnes***. En principe, il n'est pas permis de prouver autrement que par la production d'un acte de l'état civil un fait qui doit être constaté par un tel acte.

Pour déterminer la force probante des expéditions et extraits, qui sont les seuls à la disposition du public, il faut faire une distinction parmi les énonciations des actes :

- énonciations relatives à des faits que l'officier d'état civil a constatés lui-même : elles font foi ***jusqu'à inscription de faux*** ;
- énonciations relatives à des faits que l'officier d'état civil n'a pas constatés lui-même : il est possible d'en démontrer l'inexactitude en administrant la ***preuve contraire***.

Chapitre 7

Le nom

L'état civil regroupe l'ensemble des éléments de l'état des personnes, telles que la date et le lieu de naissance, le nom, le prénom, le sexe, la capacité, le domicile, la filiation, le mariage, la nationalité, qui sont contenus dans les actes de l'état civil. Le nom patronymique est un élément majeur d'identification de la personne, qui permet de désigner celle-ci dans la vie sociale et juridique. Il marque également le rattachement d'une personne à une famille.

1 L'acquisition du nom

Le nom s'acquiert généralement par la filiation mais il peut l'être également par voie administrative ou judiciaire. Dans certains cas, il peut faire l'objet d'un simple droit d'usage.

■ *L'acquisition du nom par la filiation*

Le nom marque également le rattachement d'une personne à une famille.

a) La filiation est établie au plus tard au jour de la naissance à l'égard des deux parents

La filiation peut être établie simultanément à l'égard des deux parents au plus tard au jour de la naissance dans trois cas :

- ***au sein d'un couple hétérosexuel, lorsque les parents sont mariés***, la présomption de paternité permet d'établir automatiquement la paternité du mari de la femme mariée. Les deux filiations étant indivisibles, elles sont établies simultanément lors de la déclaration de naissance ;
- ***lorsque l'enfant est reconnu par ses deux parents au plus tard au jour de la déclaration de naissance***, peu importe le moment et l'ordre dans lesquels ces reconnaissances ont été effectuées. Lorsque seul le père a effectué la reconnaissance au moment de la déclaration de naissance, les filiations sont considérées comme établies simultanément dans la mesure où la

filiation est établie à l'égard de la mère par la désignation dans l'acte de naissance de l'enfant (art. 311-25) ;
- lorsque l'enfant est issu d'une assistance médicale à la procréation sollicitée par un couple de femmes (art. 342-12).

Dans les cas concernés, les parents ont le choix du nom dévolu aux enfants qui peut être ***celui du père, celui de la mère ou les deux noms accolés*** dans l'ordre choisi dans la limite d'un nom de famille pour chacun d'eux (art. 311-21), ou lorsque les parents sont deux femmes, soit le nom de l'une d'elles, soit leurs deux noms accolés dans l'ordre choisi par elles dans la limite d'un nom de famille pour chacune d'elles (art. 342-12, al. 1er).

En l'***absence de choix*** exprimé par les parents, l'enfant prend le nom de celui de ses parents à l'égard duquel sa filiation est établie en premier lieu et le nom de son père si sa filiation est établie simultanément à l'égard de l'un et de l'autre (art. 311-21) ou pour un couple de femmes, leurs deux noms, dans la limite du premier nom de famille de chacune d'elles, accolés selon l'ordre alphabétique (art. 342-12, al. 1er *in fine*). En cas de d'opposition entre les parents, l'un d'eux doit faire connaître son désaccord par écrit devant l'officier de l'état civil de son choix, au plus tard au jour de la déclaration de naissance ou après la naissance lors de l'établissement simultané de la filiation. L'officier de l'état civil du lieu de naissance de l'enfant indique dans l'acte de naissance qu'il dresse ou qu'il transcrit le nom de l'enfant constitué du premier nom de chacun des parents accolés selon l'ordre alphabétique.

Couple	Choix	Absence de choix	Désaccord
Couple hétérosexuel	- Nom du père - Nom de la mère - Nom du père + nom de la mère - Nom de la mère + nom du père	- Nom de celui de ses parents à l'égard duquel sa filiation est établie en premier lieu - Nom de son père si sa filiation est établie simultanément à l'égard de l'un et de l'autre	Premier nom de chacun des parents accolés selon l'ordre alphabétique
Couple de femmes	- Nom de l'une d'elles - Les deux noms dans l'ordre choisi	Les 2 noms, dans la limite du premier nom de famille de chacune d'elles, accolés selon l'ordre alphabétique	

Le nom dévolu au premier enfant vaut pour les ***autres enfants communs*** : dans l'objectif de préserver la stabilité du nom, l'article 311-24 du Code civil dispose que cette faculté de choix ouverte ne peut être exercée qu'***une seule fois***.

Lorsque les parents ou l'un d'eux portent un double nom de famille, ils ne pourront transmettre qu'un seul nom à leurs enfants (art. 311-21).

Le choix s'effectue par ***déclaration conjointe des parents devant l'officier d'état civil*** (art. 311-21). Le document tenant lieu de déclaration de nom est ***annexé à l'acte de naissance de l'enfant***. La déclaration doit donc être transmise à l'officier d'état civil qui détient l'acte de naissance et le livret de famille doit faire l'objet d'une mise à jour.

b) La filiation est établie par un seul parent ou successivement par les père et mère

En l'absence de reconnaissance conjointe de l'enfant né hors mariage, l'enfant prend le ***nom de celui de ses parents à l'égard duquel sa filiation est établie en premier***.

Lorsque la filiation n'est établie qu'à l'égard d'un parent, l'enfant prend le ***nom de ce parent*** (art. 311-23, al. 1er).

Dans tous les cas où le nom de l'enfant né hors mariage n'a pas été transmis par application de l'article 311-21 du Code civil, c'est-à-dire chaque fois que la filiation est établie successivement à l'égard de l'un des parents puis à l'égard de l'autre après la naissance, ses parents peuvent, par déclaration conjointe devant l'officier d'état civil, choisir pendant sa minorité soit de lui ***substituer le nom de famille*** du parent à l'égard duquel sa filiation a été établie en second lieu, soit d'accoler leurs deux noms, dans l'ordre choisi par eux, dans la limite d'un nom de famille pour chacun d'eux (art. 311-23). Si l'enfant a plus de 13 ans, son consentement personnel est requis.

La ***déclaration conjointe*** est remise par les parents ou l'un d'entre eux à l'officier d'état civil ou au notaire au moment de la reconnaissance. Elle est ensuite transmise à l'officier de l'état civil détenteur de l'acte de naissance pour y être annexée et mention de la déclaration conjointe de choix de nom est portée en marge des actes de l'état civil de l'enfant.

c) L'acquisition du nom par l'enfant adopté

1) En cas d'adoption simple

En cas d'adoption simple, ***le nom de l'adoptant est en principe ajouté à celui de l'adopté*** (art. 363). L'adopté, âgé de plus de 13 ans, doit consentir à cette adjonction.

Lorsque l'adopté et l'adoptant, ou l'un d'entre eux, portent un ***double nom de famille***, le nom de l'adoptant est ajouté à celui de l'adopté dans la limite d'un nom pour chacun d'eux. Le choix du nom adjoint et de l'ordre des deux noms appartient à l'adoptant. L'adopté âgé de plus de 13 ans doit consentir par écrit au choix du nom d'origine conservé et à l'ordre des deux noms. En cas de désaccord ou à défaut de choix, l'enfant portera son premier nom d'origine ainsi que le premier nom de l'adoptant (art. 363, al. 2).

En cas d'***adoption par les deux*** époux, partenaires (pacs) ou concubins, l'enfant portera son nom d'origine ainsi que le nom de l'un des deux adoptants. Si l'adopté porte un double nom de famille, les adoptants choisissent le nom conservé ainsi que l'ordre des noms, à condition de recueillir le consentement personnel de l'adopté âgé de plus de 13 ans. En l'absence de choix des adoptants ou en cas de désaccord entre eux ou à défaut d'accord de l'adopté de plus de 13 ans, le nom de l'adopté sera le premier nom de l'adopté auquel s'ajoutera en seconde position le premier nom des adoptants selon l'ordre alphabétique (art. 363, al. 3).

Le tribunal peut, toutefois, ***à la demande de l'adoptant***, décider que l'adopté ne portera que le nom de l'adoptant ou que l'enfant adopté par le conjoint, partenaire ou concubin de son parent conservera son nom d'origine (art. 363, al. 4). Cette demande peut également être formée postérieurement à l'adoption. Si l'adopté est âgé de plus de 13 ans, son consentement personnel à cette substitution du nom de famille est nécessaire.

En cas d'adoption de l'enfant du conjoint, partenaire ou concubin, l'adopté prend le nom de l'adoptant qui s'ajoute à son nom d'origine. S'il est âgé de plus de 13 ans, l'adopté doit consentir à cette adjonction (art. 370-1-7). Lorsque l'adopté ou l'adoptant porte un double nom de famille, cette adjonction s'effectue dans la limite d'un seul nom pour chacun d'eux (art. 370-1-7, al. 2). À la demande de l'adoptant, le tribunal peut décider que l'adopté conservera son nom d'origine (art. 370-1-7, al. 3).

Le tribunal qui prononce l'adoption modifie les prénoms de l'enfant sur la demande du ou des adoptants (art. 363, al. 5 et 370-1-7, al. 4).

2) En cas d'adoption plénière

Le nom de l'adoptant est ***substitué au nom d'origine de l'enfant*** adopté plénièrement (art. 357, al. 1er).

En cas d'***adoption de l'enfant du conjoint*** ou d'***adoption d'un enfant par deux époux***, partenaires ou concubins, l'adoptant et son conjoint, partenaire ou concubin ou les adoptants choisissent, par déclaration conjointe, le nom de famille dévolu à l'enfant : soit le nom de l'un d'eux, soit leurs deux noms accolés dans l'ordre choisi par eux, dans la limite d'un nom de famille pour chacun d'eux (art. 357, al. 2). Cette faculté de choix ne peut être exercée qu'une seule fois (art. 357, al. 3). Si les adoptants avaient déjà des enfants, l'adopté portera le même nom que ses frères ou sœurs (art. 357, al. 5). En l'absence de choix, l'enfant prend le nom de l'adoptant ou de chacun des deux adoptants, dans la limite du premier nom de famille pour chacun d'eux, accolés selon l'ordre alphabétique (art. 357, al. 4).

Lorsque les adoptants ou l'un d'entre eux portent un ***double nom de famille***, ils peuvent, par une déclaration écrite conjointe, ne transmettre qu'un seul nom à l'adopté (art. 357, al. 6).

Sur la demande du ou des adoptants, le tribunal peut modifier les prénoms de l'enfant, sous réserve du consentement de celui-ci s'il est âgé de plus de 13 ans (art. 357, al. 7).

■ *L'acquisition du nom par voie administrative ou judiciaire*

L'acquisition du nom par la ***voie administrative*** est prévue par l'article 57, alinéa deuxième du Code civil et ne concerne guère désormais que les ***enfants nés sous X*** : « La femme qui a demandé le secret de son identité lors de l'accouchement peut faire connaître les prénoms qu'elle souhaite voir attribuer à l'enfant. À défaut ou lorsque les parents de celui-ci ne sont pas connus, l'officier d'état civil choisit trois prénoms dont le dernier tient lieu de nom de famille à l'enfant ». La même règle s'applique lorsqu'un enfant nouveau-né est trouvé (art. 58, al. 1er). Cette acquisition a les mêmes conséquences que les autres modes de transmission du nom mais cesse si la filiation est établie.

Lorsqu'une personne ne peut retrouver son état civil (par exemple en cas d'amnésie), elle peut demander au tribunal judiciaire l'établissement d'un ***état civil provisoire***.

■ *Le nom d'usage*

La possibilité de faire usage d'un nom peut découler du mariage ou de la filiation.

a) L'usage du nom permis par le mariage

Une coutume voulait que la femme mariée porte le nom de son mari. La loi du 23 décembre 1985 a permis à chacun des époux de prendre le nom patronymique de l'autre à titre d'usage et se faire désigner par celui-ci. La loi du 17 mai 2013 a créé un article 225-1 dans le Code civil qui précise clairement que « Chacun des époux peut porter, à titre d'usage, le nom de l'autre époux, par substitution ou adjonction à son propre nom dans l'ordre qu'il choisit. ».

Aucune mention n'est faite du nom d'usage à l'état civil et sur le livret de famille. Dans ses correspondances, l'administration doit utiliser le nom d'usage indiqué par l'intéressé.

Le nom d'usage survit au décès : par exemple, une ***femme veuve*** peut continuer à utiliser à titre d'usage le nom de son mari décédé.

En revanche, chaque époux reprend en principe son nom suite au ***divorce*** (art. 264, al. 1er). Il existe des exceptions à ce principe (art. 264, al. 2) :

– si l'un des époux a l'accord de l'autre pour conserver l'usage de son nom ;
– si le juge l'a autorisé sur justification d'un intérêt particulier (pour lui ou les enfants).

En cas de ***séparation de corps***, la possibilité d'utiliser le nom de l'autre époux subsiste mais la convention de séparation de corps par acte sous signature privée contresigné par avocats déposé au rang des minutes d'un notaire, le jugement de séparation de corps ou un jugement postérieur peut interdire à un époux séparé de conserver l'usage du nom de l'autre, compte tenu des intérêts respectifs des époux (art. 300).

b) L'usage du nom permis par l'effet de la filiation

Le nom d'usage n'est pas obligatoire et découle d'une simple manifestation de volonté non équivoque. L'article 43 de la loi du 23 décembre 1985 a permis à toute personne majeure d'***ajouter le nom patronymique du parent dont elle ne porte pas le nom***.

La loi du 2 mars 2022 a abrogé l'article 43 tout en intégrant et complétant les dispositions de la loi de 1985 dans un nouvel article 311-24-2 du Code civil. Il offre deux possibilités depuis le 1er juillet 2022 :

- toute personne majeure peut porter à titre d'usage le nom du parent qui ne lui a pas transmis le sien. Lorsque l'enfant est mineur, cette faculté est mise en œuvre par les deux parents exerçant l'autorité parentale ou par le parent exerçant seul l'autorité parentale ;
- le parent qui n'a pas transmis son nom de famille peut adjoindre celui-ci, à titre d'usage, au nom de l'enfant mineur. Cette adjonction se fait dans la limite du premier nom de famille de chacun des parents. Il en informe préalablement et en temps utile l'autre parent exerçant l'autorité parentale. Ce dernier peut, en cas de désaccord, saisir le juge aux affaires familiales, qui statue selon ce qu'exige l'intérêt de l'enfant.

2 Le changement de nom

Le nom est une institution de police civile. Ainsi, l'article 433-19 du Code pénal punit le fait de prendre un nom ou un accessoire de celui-ci autre que celui assigné par l'état civil ainsi que le fait de changer, altérer ou modifier le nom ou l'accessoire du nom assigné par l'état civil.

Le ***principe d'immutabilité*** du nom a été posé par la loi du 6 Fructidor an II. La loi du 11 Germinal an XI interdit également les changements volontaires mais permet dans certains cas un changement par voie administrative. Plusieurs procédures ont ensuite permis le changement de nom par diverses autres procédures telles que la francisation ou le relèvement de nom.

■ Le changement de nom par voie de conséquence

En cas d'établissement ou de modification du lien de filiation suite à une action judiciaire, le juge statue sur l'attribution du nom et peut donc le ***modifier*** afin qu'il reflète la filiation (art. 331).

Lors de l'établissement du second lien de filiation et durant la minorité de l'enfant, les parents ont la possibilité de choisir par déclaration conjointe devant l'officier de l'état civil, soit de ***substituer le nom de famille du parent à l'égard duquel la filiation a été établie en second lieu, soit d'accoler leurs deux noms***, dans l'ordre choisi par eux, dans la limite d'un nom de famille pour chacun d'eux (art. 311-23). Le changement de nom est mentionné en marge de l'acte de naissance.

■ Le changement de nom par voie ordinaire

« Toute personne qui justifie d'un intérêt légitime peut demander à changer de nom » (art. 61, al. 1er), par exemple parce que son nom est ridicule, déshonoré, a une apparence ou consonance ridicule ou étrangère ou en vue d'une simplification du patronyme.

Le changement est autorisé par ***décret simple***, sur requête portée devant le garde des Sceaux.

Tout intéressé peut faire ***opposition*** au décret qui porte changement de nom devant le Conseil d'État pendant un délai de deux mois à compter de la publication du décret au *Journal officiel*.

Le changement de nom prend effet, lorsqu'il n'y a pas d'opposition, à l'expiration du délai pendant lequel elle est recevable, c'est-à-dire ***deux mois*** à compter de sa publication au *Journal officiel* (art. 61-1, al. 2). S'il y a eu opposition, le décret ne prend effet qu'après le rejet de l'opposition.

Le changement de nom ***s'étend de plein droit aux enfants*** du bénéficiaire s'ils ont moins de 13 ans. Si l'enfant a plus de 13 ans, son consentement personnel est requis.

Le changement de nom fait l'objet d'une ***mention en marge de l'acte d'état civil*** de l'intéressé et, le cas échéant, de ceux de son conjoint, de son partenaire lié par un pacte civil de solidarité et de ses enfants (art. 61-4). Il est opposable à tous à compter de sa publicité sur les registres de l'état civil (art. 100).

■ Le relèvement d'un nom menacé d'extinction

La procédure de relèvement de nom a pour objectif d'***éviter l'extinction d'un nom*** porté par un ascendant ou un collatéral du demandeur jusqu'au quatrième degré (art. 61, al. 2). La procédure est identique à celle du changement par voie ordinaire.

La décision de changement de nom sera ***mentionnée en marge de l'acte de l'état civil*** de l'intéressé et éventuellement de ceux de son conjoint et de ses enfants. Cette rectification est opposable à tous à compter de sa publicité sur les registres de l'état civil (art. 100).

En application de la loi du 2 juillet 1923, le nom d'un ***citoyen mort pour la patrie*** sans postérité peut, si le défunt est le dernier représentant masculin d'une famille, être relevé par son plus proche successible et, si celui-ci ne l'exerce pas, les autres successibles dans l'ordre légal, jusqu'au sixième degré inclus. Le demandeur doit déposer une requête devant le tribunal judiciaire du lieu d'ouverture de la succession.

■ *La francisation*

Une personne qui acquiert ou recouvre la nationalité française peut demander la francisation de son nom dont ***l'apparence, la consonance ou le caractère étranger peut gêner son intégration*** dans la communauté française (L. n° 72-964, 25 oct. 1972).

La demande peut être présentée lors de la demande de naturalisation ou de réintégration ou dans le ***délai d'un an*** suivant l'acquisition de la nationalité ou la réintégration dans cette nationalité. La francisation est accordée sur le rapport du ministre chargé des naturalisations soit par le ***décret*** conférant la naturalisation ou la réintégration, soit par un décret postérieur à l'acquisition de la nationalité française.

La francisation ***s'étend de plein droit aux enfants*** mineurs bénéficiaires de l'effet collectif prévu dans le Code de la nationalité française et aux enfants, français à un autre titre, lorsque le parent dont ils portent le nom acquiert ou recouvre la nationalité française (sauf lorsqu'ils ont eux-mêmes engagé une demande de francisation).

Tout intéressé peut faire ***opposition*** au décret portant francisation du nom dans un délai de deux mois à compter de la publication au *Journal officiel*. En l'absence d'opposition, le décret portant francisation de nom prend effet à l'expiration du délai de deux mois pendant lequel l'opposition est recevable ou, dans le cas contraire, après le rejet de l'opposition ; lorsque le décret porte seulement francisation, il prend effet au jour de sa signature. Mention du nom francisé est faite en marge des actes de l'état civil du bénéficiaire et éventuellement de son conjoint et de ses enfants sur réquisition du procureur de la République du lieu de domicile du bénéficiaire.

■ *Le changement de nom aux fins de concordance*

Depuis le 1er novembre 2017, toute personne qui justifie d'un ***nom inscrit sur le registre de l'état civil d'un autre État*** peut demander à l'officier de l'état civil dépositaire de son acte de naissance établi en France son changement de nom en vue de ***porter le nom acquis*** dans cet autre État. « Le changement de nom est autorisé par l'officier de l'état civil, qui le consigne dans le registre de naissance en cours » (art. 61-3-1, al. 2). En cas de difficulté, le procureur de la République est saisi par l'officier d'état civil : il peut alors s'opposer à la demande ou ordonner lui-même le changement de nom (art. 61-3-1, al. 3 et 4).

Le changement de nom obtenu selon ces modalités s'étend de plein droit aux enfants du bénéficiaire lorsqu'ils ont moins de 13 ans (art. 61-3-1, al. 5).

■ *Le changement de nom par substitution ou adjonction*

Le législateur a souhaité simplifier la procédure de changement de nom lorsqu'une personne majeure souhaite ***substituer ou adjoindre*** à son propre nom, le ***nom de famille du parent qui n'a pas été transmis***, notamment en raison de l'absence de relations qu'elle a avec le parent dont elle porte le nom. Le recours à cette modalité de modification n'est possible qu'une seule fois.

Le changement de nom peut être autorisé par l'officier de l'état civil du lieu de résidence du demandeur ou dépositaire de son acte de naissance, qui le consigne dans le registre de naissance en cours après confirmation devant lui par l'intéressé, au plus tôt un mois après la réception de la demande (art. 61-3-1, al. 3). Les dispositions prévues aux alinéas 4 et 5 de l'article 61-3-1 pour la procédure de changement de nom aux fins de discordance sont applicables également à la procédure de changement de nom par substitution ou adjonction. Ces dispositions sont entrées en vigueur le 1er juillet 2022.

Le changement de nom aux fins de substitution du nom du parent qui n'a pas transmis le sien peut intervenir en cas de retrait de l'autorité parentale (art. 380-1).

■ *L'acquisition du nom par la prescription*

La jurisprudence ***refuse que le nom s'acquière par prescription***, sauf possession extrêmement prolongée du nom et à condition que l'usage en ait été « loyal, public, incontesté ».

3 La protection du nom

Le nom possède certains caractères et fait l'objet d'une protection contre les usurpations.

■ *Les caractères du nom*

Le nom est une institution de police civile. Il s'agit d'un droit subjectif proclamé par de nombreux textes internationaux.

Pour certains, le nom est un droit de propriété alors que pour d'autres, il s'agit d'un ***droit extra-patrimonial***, à la fois droit de la personnalité et droit de la famille. La jurisprudence ne consacre la première théorie que dans des conditions restrictives. Le droit positif opte plutôt pour la seconde théorie qui a pour conséquence de rendre le nom insaisissable, indisponible et imprescriptible. En outre, le nom est obligatoire et immuable :

- ***le nom est insaisissable et indisponible*** : le nom ne peut faire l'objet d'un contrat. La Cour de cassation a posé le « principe de l'inaliénabilité et de l'imprescriptibilité du nom patronymique, qui empêche un titulaire d'en disposer librement pour identifier au même titre une autre personne physique » (*Cass. com., 12 mars 1985, n° 84-17163*). Il existe des dérogations à ce principe d'indisponibilité : usage du nom du conjoint après divorce, utilisation par le commerçant de son nom patronymique qui acquiert alors une valeur patrimoniale par exemple ;
- ***le nom est imprescriptible*** : le nom ne peut se perdre par le non-usage prolongé. La possession prolongée du nom permet à un individu, selon la jurisprudence, de conserver ce nom dès lors que l'usage en a été loyal, public, incontesté ;
- ***le nom est immuable*** : il ne peut être modifié, sauf exceptions prévues restrictivement par la loi.

■ *Les usurpations de nom*

Toute personne peut contester l'***utilisation illicite par un tiers ou l'attribution à un tiers de son propre nom***. Elle peut alors demander au juge d'interdire au tiers de porter son nom. Le titulaire du nom usurpé ***n'a pas besoin de justifier d'un préjudice effectif*** : il suffit que son nom soit usurpé, ce qui constitue son intérêt à agir. Cette action peut être exercée par le porteur du nom usurpé, les parents qui ne portent pas ce nom mais ont la faculté d'en faire usage, ou par le Ministère public. Il s'agit d'une action en contestation d'état.

Lorsque son nom est utilisé à des ***fins commerciales***, ou par un écrivain ou un cinéaste ***à des fins littéraires ou artistiques,*** le porteur légitime du nom peut exercer une action en responsabilité civile ; il devra prouver qu'il existe un ***risque de confusion préjudiciable*** dans l'utilisation de son nom patronymique.

Chapitre 8

Les compléments et accessoires du nom

Le nom patronymique est complété par le prénom et éventuellement par un pseudonyme, une particule ou un titre de noblesse.

1 Le prénom

Le prénom est l'un des facteurs d'identification de l'individu, au sein d'une même famille (même s'il n'est pas interdit de donner des prénoms identiques dans une même famille).

Le choix du prénom

L'attribution d'un prénom est obligatoire. Plusieurs prénoms peuvent être choisis. Tout prénom figurant dans l'acte de naissance peut être choisi comme prénom usuel.

Le choix est effectué par les parents. Il est ***libre*** : l'officier d'état civil doit porter immédiatement sur l'acte de naissance les prénoms qui sont choisis.

Le contrôle *a priori* du choix du prénom a été supprimé. Désormais, lorsque l'officier d'état civil considère que les ***prénoms ou l'un d'eux, seul ou associé aux autres prénoms*** peuvent être contraires à l'intérêt de l'enfant ou aux droits des tiers à voir protéger leur patronyme, il en avise sans délai le procureur de la République. Celui-ci peut alors éventuellement saisir le juge aux affaires familiales. Seul ce dernier, s'il estime que le prénom est effectivement ***contraire à l'intérêt de l'enfant*** ou qu'il méconnaît le droit des tiers à voir protéger leur patronyme, peut ordonner sa suppression sur le registre de l'état civil. Les parents doivent alors choisir un autre prénom. À défaut, le juge aux affaires familiales effectue lui-même ce choix. Il est fait mention de cette décision en marge des actes de l'état civil de l'enfant.

■ Le changement de prénom

La procédure de changement de nom par voie ordinaire a été simplifiée par l'effet de la loi du 18 novembre 2016 qui a donné compétence en la matière à l'officier d'état civil.

Toute personne qui justifie d'un ***intérêt légitime*** peut demander à changer de prénom (art. 60) : désir de réaliser une complète assimilation à la communauté française, usage prolongé d'un prénom ou d'un diminutif, intégration dans une communauté religieuse, etc.

L'intéressé doit déposer sa requête auprès de l'***officier de l'état civil*** du lieu de résidence ou du lieu où l'acte de naissance a été dressé (art. 60, al. 1er ; CPC, art. 1055-1, al. 1er). S'il s'agit d'un mineur, la requête est déposée par son représentant légal. La même procédure doit être utilisée pour l'adjonction ou la suppression de prénoms.

Lorsque la demande concerne un enfant mineur, la requête est déposée par son représentant légal (art. 60, al. 1er). En cas de désaccord entre les parents, le juge des tutelles peut être saisi sur le fondement de l'article 387 du Code civil. Le consentement personnel de l'enfant de plus de 13 ans est obligatoire et peut être donné sous n'importe quelle forme (simple attestation ou audition du mineur par le juge par exemple).

Si l'officier de l'état civil estime que la demande ***ne revêt pas un intérêt légitime***, en particulier lorsqu'elle est contraire à l'intérêt de l'enfant ou aux droits des tiers à voir protéger leur nom de famille, il peut saisir le procureur de la République. Si le procureur s'oppose au changement, le demandeur peut alors saisir le juge aux affaires familiales (art. 60, al. 4).

La décision de changement de prénom est mentionnée en marge de l'acte civil de l'intéressé et éventuellement de ceux de son conjoint et de ses enfants (art. 60, al. 3 ; CPC, art. 1055-4). Cette rectification est opposable à tous à compter de sa publicité sur les registres de l'état civil (art. 100).

Le prénom peut être modifié pour être francisé. La ***francisation*** du prénom est généralement demandée lors du changement de nom par francisation. Depuis 2005, elle peut être présentée sans condition de délai « par des personnes ayant acquis ou recouvré la nationalité française et justifiant de l'utilisation de prénoms précédemment francisés à l'initiative des autorités françaises ».

2 Le pseudonyme

Le pseudonyme est un ***nom d'emprunt***, de fantaisie. Le plus souvent, il a pour objectif, pour son utilisateur, de cacher sa véritable identité dans l'exercice d'une activité professionnelle, artistique ou commerciale.

Il n'est pas impossible que l'utilisation du pseudonyme soit faite dans le cadre d'activités privées mais « il est expressément défendu à tous fonctionnaires publics de désigner les citoyens dans les actes autrement que par le nom de famille, les prénoms portés en l'acte de naissance [...] ni d'en exprimer d'autres dans les expéditions et extraits qu'ils délivreront à l'avenir » (L. 6 Fructidor an II, art. 4). Certaines professions, telles que la médecine, ne peuvent être exercées sous un pseudonyme.

Le choix du pseudonyme est limité : il ne peut s'agir du nom patronymique d'un tiers si celui-ci s'y oppose en raison d'une confusion préjudiciable.

Le pseudonyme est ***intransmissible*** aux descendants de l'artiste, sauf en cas d'accord de ce dernier.

Le pseudonyme peut être protégé contre l'utilisation des tiers, notamment à des fins commerciales (CPI, art. L. 711-3 8°). En outre, la ***révélation du véritable nom*** d'un artiste que celui-ci cache par l'utilisation d'un pseudonyme peut constituer une atteinte à la vie privée.

3 La particule

La particule est le « de, du, de la, des, d' » qui précède le nom patronymique. Il ne s'agit pas de titres de noblesse ; les familles de la noblesse possédaient parfois des noms sans particule.

La particule ***fait partie du nom patronymique et obéit à son régime***. Elle peut par conséquent être ***protégée contre les usurpations***.

Une particule peut également être rétablie lorsqu'elle a disparu pendant un temps plus ou moins long.

Si la particule a été ***omise sur les actes de l'état civil***, le rétablissement de l'acte se fera par le recours à une action en rectification des actes de l'état civil prévue par l'article 99 du Code Civil. La demande d'ajout ou de suppression d'une particule obéit à la procédure de modification de nom prévue par l'article 61 du Code civil.

4 Les titres de noblesse

Le titre de noblesse est un ***accessoire honorifique*** du nom patronymique (vicomte, comte, prince, duc, marquis, etc.). Le titre nobiliaire ***ne fait pas partie du nom*** ; il n'en est que l'accessoire. Selon le droit commun nobiliaire, les titres de noblesse ont un caractère ***héréditaire*** et se transmettent en principe aux descendants de sexe masculin porteurs du nom, qu'ils soient majeurs ou mineurs.

Le titulaire du titre de noblesse n'a aucune obligation, notamment pas celle de le porter. Le titre ***ne fait pas partie de l'état des personnes***. Le titulaire d'un titre de noblesse a néanmoins le droit d'en réclamer la mention sur les actes de l'état civil et le cas échéant, de demander la rectification de ces actes par jugement en cas d'omission.

Les tribunaux judiciaires sont compétents en cas de contestation relative à la possession d'un titre de noblesse c'est-à-dire pour déterminer, en l'absence de contestation sur un titre, qui est celui qui peut le porter. La vérification de l'existence d'un titre relève de la compétence des juridictions administratives ; un recours est possible devant le Conseil d'État.

Les titulaires et leur famille peuvent s'opposer en justice aux atteintes portées au caractère honorifique du titre, notamment à son utilisation à des fins commerciales.

Chapitre 9

Le sexe

Le sexe est l'une des composantes de l'état des personnes. Longtemps interdit, le changement de la mention du sexe sur les actes de l'état civil est désormais permis de manière très encadrée.

1 L'évolution vers la possibilité de modification du sexe sur les actes de l'état civil

L'acte de naissance comporte la mention du sexe de l'enfant comme étant « féminin » ou « masculin ». Toute mention autre que « masculin » ou « féminin » est interdite. La Cour de cassation a récemment affirmé que « la loi française ne permet pas de faire figurer, dans les actes de l'état civil, l'indication d'un sexe autre que masculin ou féminin » (*Cass. 1re civ., 4 mai 2017, n° 16-17189*).

Le sexe anatomique et génétique d'un individu peut parfois ne pas correspondre au sexe psychologique : la personne se sent appartenir au sexe opposé à celui qui est mentionné sur son acte de naissance. La jurisprudence française s'est longtemps montrée réticente à reconnaître aux transsexuels le droit de faire modifier la mention de leur sexe sur les actes de l'état civil, afin de protéger le principe de l'indisponibilité des personnes.

Après avoir été condamnée par la ***Cour européenne des droits de l'Homme***, la Cour de cassation a finalement admis dans un arrêt du ***11 décembre 1992*** (*Cass. ass. plén., n° 91-11900 et 91-12373*) que le principe du respect de la vie privée justifie que l'état civil d'une personne transsexuelle indique désormais, à certaines conditions, le sexe dont elle a l'apparence.

La loi du 18 novembre 2016 de modernisation de la justice du XXIe siècle a créé dans le Code civil une section consacrée à la ***modification de la mention du sexe à l'état civil***. La mention du sexe sur les actes de l'état civil peut être modifiée à certaines conditions et emporte un certain nombre d'effets.

2 Les modalités de la modification du sexe sur les actes de l'état civil

Le Code civil prévoit désormais les conditions et effets de la modification de la mention du sexe sur les actes de l'état civil.

■ *Les conditions de la modification du sexe sur les actes de l'état civil*

La personne, obligatoirement majeure ou mineure émancipée, qui sollicite une modification de la mention du sexe à l'état civil, doit saisir le tribunal judiciaire dans le ressort duquel elle demeure ou dans le ressort duquel l'acte de naissance de la personne intéressée a été dressé (CPC, art. 1055-5), par requête remise ou adressée au greffe (CPC, art. 1055-7, al. 1er). Elle doit démontrer « par une ***réunion suffisante de faits*** que la mention relative à son sexe à l'état civil ne correspond pas à celui dans lequel elle se présente et dans lequel elle est connue ».

Elle peut, par tous moyens, rapporter notamment l'existence des faits suivants :

« 1°Qu'elle se présente publiquement comme appartenant au sexe revendiqué ;
2°Qu'elle est connue sous le sexe revendiqué de son entourage familial, amical, ou professionnel ;
3°Qu'elle a obtenu le changement de son prénom afin qu'il corresponde au sexe revendiqué ».

« Le seul fait de ne pas avoir subi des traitements médicaux, une opération chirurgicale ou une stérilisation ne peut motiver le refus de faire droit à la demande » (art. 61-6 ; conformément à la jurisprudence de la *CEDH, 6 avril 2017, n° 79885/12, A.P., Garçon et Nicot c. France*).

Le demandeur doit produire les ***éléments de preuve*** au soutien de sa demande et faire état de son ***consentement libre et éclairé*** à la modification de la mention relative à son sexe dans les actes de l'état civil (art. 61-6, al. 1 et 2).

L'affaire est instruite et débattue en chambre du conseil, après avis du ministère public (CPC, art. 1055-8). L'intéressé ou son représentant légal peut être entendu (CPC, art. 1055-9, al. 2).

■ *Les effets de la modification du sexe sur les actes de l'état civil*

Si le tribunal constate que le demandeur remplit les conditions, il ***ordonne la modification,*** dans les actes de l'état civil du demandeur, de la mention relative au sexe ainsi que, le cas échéant, des prénoms (art. 61-6). Mention en est portée en marge de l'acte de naissance de l'intéressé (art. 61-7, al. 1er).

Les modifications de ***prénoms*** corrélatives à une décision de modification de sexe ne sont portées en marge des actes de l'état civil des conjoints et enfants qu'avec le consentement des intéressés ou de leurs représentants légaux (art. 61-7, al. 2). La modification est sans effet sur les obligations contractées à l'égard de tiers ni sur les filiations établies avant cette modification (art. 61-8).

Chapitre 10

Le domicile

Le domicile de tout Français, quant à l'exercice de ses droits civils, est au lieu où il a son principal établissement. Le domicile constitue entre autres un moyen d'identification de la personne.

1 La détermination du domicile

En règle générale, chaque personne choisit son domicile mais le législateur peut désigner des domiciles légaux.

■ *La fixation du domicile par la personne elle-même*

Le domicile que la personne a choisi elle-même est dénommé « domicile volontaire ».

a) Le lieu du principal établissement

Le domicile de tout Français est, quant à l'exercice de ses droits civils, au ***lieu où il a son principal établissement*** **(art. 102).** Il appartient à chacun de fixer librement le centre de ses affaires mais la volonté de fixer son domicile en un certain lieu ne suffit pas. Il faut pouvoir caractériser objectivement le principal établissement grâce à la fois à ***un élément intentionnel*** et à ***un élément matériel.*** Il s'agit d'une question de fait que les tribunaux apprécient souverainement en cas de contestation.

Le titre juridique selon lequel un individu occupe un lieu n'intervient pas dans la définition du domicile. Pour déterminer le lieu du principal établissement, les juges peuvent tenir compte de différents ***critères*** : résidence habituelle de la personne, siège des intérêts familiaux, siège des intérêts pécuniaires, lieu d'exercice de l'activité professionnelle principale, etc. Certains tribunaux font prévaloir, en cas de contradiction entre ces différents critères, le lieu de résidence effective, d'autres le lieu d'exercice de l'activité professionnelle.

b) Le changement de domicile

Le changement de domicile n'est juridiquement effectif que lorsqu'une personne change réellement de lieu d'habitation et a l'intention d'y fixer son principal établissement. L'article 104 du Code civil offre un moyen pratique d'extérioriser cette intention : il convient d'effectuer une ***double déclaration***, d'une part à la mairie du lieu quitté et, d'autre part, à celle du lieu où l'on va habiter. L'emploi de cette formalité, peu usité, n'est ni nécessaire, ni suffisant : la preuve des deux conditions (volonté et établissement principal) doit être apportée. À défaut de déclaration expresse, la preuve de l'intention dépendra des circonstances (art. 105) qui seront appréciées souverainement par les juges du fond.

■ *La fixation du domicile par la loi*

La loi attribue d'autorité un domicile à certaines personnes : il s'agit du domicile légal.

a) Les domiciles de fonction

- les ***fonctionnaires nommés à vie*** (au contraire de ceux, majoritaires, qui acceptent une fonction temporaire et révocable ; art. 106) sont domiciliés dans la ville où ils doivent exercer leurs fonctions dès le moment où ils acceptent celles-ci et avant même qu'ils y résident (art. 107). Cette règle est appliquée plus ou moins strictement ;
- les ***bateliers***, qui n'ont pas de domicile légal ni de résidence stable, sont tenus de choisir un domicile dans une commune dont le nom figure sur une liste établie par arrêté du ministre de la Justice, du ministre de l'Intérieur et du ministre des Travaux publics, des Transports et du Tourisme (art. 102, al. 2) ;
- « Le lieu d'exercice des droits civils d'***une personne sans domicile stable*** est celui où elle a fait élection de domicile dans les conditions prévues à l'article L. 264-1 du Code de l'action sociale et des familles » (art. 102, al. 2) : les personnes sans domicile stable peuvent choisir une domiciliation soit auprès d'un organisme agréé à cet effet, soit auprès d'un centre communal ou intercommunal d'action sociale pour recevoir leur courrier et « pour prétendre au service des prestations sociales légales, réglementaires et conventionnelles, à l'exercice des droits civils qui leur sont reconnus par la loi, ainsi qu'à la délivrance d'un titre national d'identité, à l'inscription sur les listes électorales ou à l'aide juridictionnelle » (CASF, art. L. 264-1) ;
- les ***« gens du voyage »*** sont également soumis au droit commun de la domiciliation découlant de l'article L. 264-1 du Code de l'aide sociale et des familles depuis l'entrée en vigueur de la loi n° 2017-86 du 27 janvier 2017 relative à l'égalité et à la citoyenneté.

b) Les domiciles de rattachement ou domiciles légaux de dépendance

Certaines personnes ont leur domicile chez d'autres en raison du lien qui les unit à celles-ci :

- les ***mineurs non émancipés*** : ils ont leur domicile chez leurs parents ou chez leur tuteur même s'ils résident ailleurs (art. 108-2, al. 1er). Si le père et la mère ont des domiciles différents, le mineur est domicilié chez celui avec lequel il réside (art. 108-2, al. 2) ;
- le ***majeur en tutelle*** est domicilié chez son tuteur (art. 108-3) ;
- les ***majeurs qui servent ou travaillent habituellement chez autrui*** ont le même domicile que la personne qu'ils servent ou chez laquelle ils travaillent à deux conditions : d'une part, qu'ils travaillent habituellement chez cette personne, et d'autre part, qu'ils habitent sa maison (art. 109).

Avant la loi du 11 juillet 1975, la femme mariée avait un domicile légal, celui de son mari. Désormais, ***le mari et la femme peuvent avoir des domiciles distincts*** sans qu'il soit pour autant porté atteinte aux règles relatives à la communauté de la vie.

2 Les caractères du domicile

Le domicile est nécessaire, unique et inviolable.

■ *La nécessité du domicile*

Le domicile est ***nécessaire.*** Toute personne a un domicile et conserve celui-ci même si elle a perdu tout contact avec lui tant que la preuve de l'acquisition d'un domicile nouveau n'est pas faite. À défaut d'autres indications, une personne est donc présumée avoir toujours son domicile d'origine, c'est-à-dire celui de ses parents ou de son tuteur.

■ *L'unicité du domicile*

Chaque individu n'a qu'***un seul domicile*** jusqu'à ce qu'il prouve qu'il en a changé. En cas de changement de domicile, le nouveau remplace l'ancien, il ne peut y en avoir deux.

Il existe des dérogations au principe de l'unicité du domicile :

- ***une dérogation conventionnelle*** : l'***élection de domicile***. Le domicile élu n'est pas un lieu où habite un individu. Il s'agit d'un lieu désigné comme domicile pour que s'y déroulent certains effets attachés au domicile. L'élection du domicile fixe le lieu où seront signifiés certains actes juridiques. En principe, l'élection de domicile est facultative mais la loi peut exceptionnellement l'imposer ;

– des ***dérogations légales*** : les domiciles spéciaux (ex. : en droit fiscal, sont assujetties à l'impôt les personnes ayant leur foyer en France ainsi que celles qui y ont le centre de leurs activités économiques) ;
– des ***dérogations jurisprudentielles*** : la jurisprudence a décidé d'assouplir le système en conférant d'elle-même divers effets juridiques à des lieux autres que le domicile, par exemple la résidence.

■ *L'inviolabilité du domicile*

Le domicile est protégé par l'article 226-4 du Code pénal qui sanctionne « l'introduction ou le maintien dans le domicile d'autrui à l'aide de manœuvres, menaces, voies de fait ou contrainte ».

3 Le rôle du domicile

La détermination du domicile permet de régler plusieurs problèmes :
– en ***droit international privé***, elle permet de déterminer la loi applicable ;
– en ***matière procédurale***, elle permet de déterminer la juridiction territorialement compétente (CPC, art. 42 et 43) et de fixer le lieu de notification des actes de procédure (CPC, art. 655) ;
– en ***droit des successions***, le lieu du dernier domicile du défunt est celui où s'ouvre la succession ;
– le ***paiement d'une dette*** se fait, à défaut d'une autre désignation par la loi, le contrat ou le juge, au domicile du débiteur (art. 1342-6).

La ***résidence*** est le lieu où une personne vit de façon habituelle, l'***habitation*** celui où elle séjourne brièvement et occasionnellement. La résidence, présentée comme une situation de fait, n'est cependant pas totalement dépourvue d'effets juridiques, de même que l'habitation.

PARTIE 3 La protection des mineurs et majeurs vulnérables

Chapitre 11

Les principes du droit de la protection des personnes vulnérables

Lorsqu'ils sont dans l'impossibilité de pourvoir seuls à leurs intérêts en raison d'une altération, médicalement constatée, soit de leurs facultés mentales, soit de leurs facultés corporelles de nature à empêcher l'expression de leur volonté, certains majeurs doivent recevoir une protection pour leur personne ou pour leurs biens (art. 415). Les majeurs protégés et les mineurs voient leur capacité, c'est-à-dire leur aptitude à être sujet des droits et des obligations et à les exercer, limitée.

1 Les notions fondamentales du droit de la protection des personnes vulnérables

L'existence d'une vulnérabilité peut limiter la possibilité pour une personne de conclure certains actes juridiques, selon leur gravité.

■ *Les notions d'incapacités de jouissance et d'exercice*

L'incapacité de jouissance est l'inaptitude à être sujet de droits et d'obligations c'est-à-dire ***à être partie à un acte juridique***. Il n'existe ***pas d'incapacité générale de jouissance*** c'est-à-dire portant sur tous les actes juridiques et sur tous les droits. En effet, si elle était générale, l'incapacité de jouissance conduirait à la négation de la personnalité.

L'incapacité d'exercice est l'inaptitude à exercer et à mettre en œuvre les droits dont on est titulaire. Ces droits peuvent être exercés par l'intermédiaire d'un représentant. L'incapacité d'exercice ***peut*** par conséquent ***être générale ou spéciale***.

■ *Les incapacités spéciales et les incapacités générales*

L'***incapacité spéciale*** est limitée à un acte ou à un type d'actes.

L'*incapacité générale* porte sur tous les actes de la vie juridique de la personne.

L'*incapacité véritablement générale* ne semble pas réellement exister. Il existe toujours au moins quelques exceptions à celle-ci. Par exemple, certains actes personnels peuvent être accomplis par l'incapable pendant des intervalles lucides.

■ *Les incapacités de suspicion et les incapacités de protection*

Les *incapacités de suspicion* ou de défiance visent à *protéger la société.* Elles sont d'ordre public. L'acte fait par un incapable au mépris de cette incapacité est nul de nullité absolue (nullité d'ordre public).

Les *incapacités de protection* visent à *protéger l'individu* des faiblesses qui découlent de son âge ou de l'altération de ses facultés mentales. L'acte fait par l'incapable au mépris de cette incapacité est nul de nullité relative (nullité de protection).

2 La classification des actes juridiques selon leur gravité

Les différents actes juridiques dont un bien peut être l'objet sont traditionnellement classés en fonction de leur gravité.

■ *Les actes conservatoires*

Les actes *conservatoires* visent à conserver un bien dans son patrimoine et à l'empêcher d'en sortir. Ils sont sans danger pour le patrimoine. Ils « permettent de sauvegarder le patrimoine ou de soustraire un bien à un péril imminent ou à une dépréciation inévitable sans compromettre aucune prérogative du propriétaire » (D. 22 déc. 2008, art. 3-1°).

■ *Les actes d'administration*

Les actes *d'administration* sont d'une gravité moyenne pour le patrimoine. Il s'agit d'actes de gestion habituelle du patrimoine. Ils sont définis comme « les actes d'exploitation ou de mise en valeur du patrimoine de la personne protégée dénués de risque anormal » (D. 22 déc. 2008, art. 1er). Le décret du 22 décembre 2008 contient deux listes d'actes :

- une liste d'actes regardés systématiquement comme des actes d'administration, par exemple l'ouverture d'un premier compte ou livret au nom ou pour le compte de la personne protégée ;
- une liste non exhaustive d'actes regardés comme des actes d'administration, en fonction des circonstances d'espèce, notamment « en raison de leurs conséquences importantes sur le contenu ou la valeur du patrimoine de la personne protégée, sur les prérogatives de celle-ci ou

sur son mode de vie », par exemple la conclusion et la rupture d'un contrat de travail en tant qu'employeur ou en tant que salarié.

■ *Les actes de disposition*

Les actes ***de disposition*** sont les plus graves pour le patrimoine puisqu'ils visent à exclure un bien de celui-ci. Ce sont ceux « qui engagent le patrimoine de la personne protégée, pour le présent et pour l'avenir, par une modification importante de son contenu, une dépréciation significative de sa valeur en capital ou une altération durable des prérogatives de son titulaire » (D. 22 déc. 2008, art. 2).

Deux listes ont également été prévues par le décret du 22 décembre 2008 : l'article 2 distingue les actes de dispositions regardés comme tels (par exemple l'acceptation pure et simple d'une succession) de ceux qui peuvent faire l'objet d'une autre qualification en fonction des circonstances d'espèce (par exemple le versement de nouvelles primes sur un contrat d'assurance-vie).

Chapitre 12

La condition juridique du mineur

Le mineur est l'individu âgé de moins de 18 ans (art. 414). Il doit faire l'objet d'une protection juridique spécifique, tant du point de vue de sa personne (autorité parentale, tutelle), que du point de vue de son patrimoine (administration légale, tutelle). Il faut cependant distinguer le mineur émancipé du mineur non émancipé.

1 Le mineur non émancipé

Le mineur non émancipé est ***incapable de contracter*** (art. 1124). Il est touché par une incapacité générale d'exercice mais possède toujours une capacité de jouissance. Tous les actes juridiques sont accomplis pour le mineur par son ***représentant légal***. Cette règle est assouplie par la ***distinction*** faite ***entre les mineurs*** capables de discernement et les autres. Dans tous les cas, « les parents associent l'enfant aux décisions qui le concernent, selon son âge et son degré de maturité » (art. 371-1).

■ *Le mineur non doué de discernement*

Le mineur non doué de discernement est le très jeune enfant (*infans*). Il ne peut valablement s'obliger par un contrat, qui serait frappé de nullité absolue.

■ *Le mineur doué de discernement*

Le mineur non émancipé n'est en principe pas apte à contracter (art. 1146). Certains actes accomplis par un mineur doué de discernement peuvent néanmoins être valables.

a) Les actes accomplis par le mineur frappés de nullité

Deux types d'actes doivent être distingués :

- les ***actes de disposition***, que le représentant légal ne peut accomplir seul (il doit obtenir l'autorisation de son conjoint, du conseil de famille ou du tuteur) : lorsqu'ils ont été accomplis par le mineur, ces actes sont sanctionnés par la nullité relative (art. 1149) ;
- les ***actes d'administration***, que le représentant légal peut accomplir seul : lorsqu'ils ont été accomplis par le mineur, ces actes ne sont pas nuls pour incapacité mais peuvent être annulés s'ils sont lésionnaires. L'action en nullité pour lésion n'est cependant pas recevable dans deux cas (art. 1151) :
  - lorsque le cocontractant capable établit que l'acte était utile au mineur et exempt de lésion ou qu'il a profité à celle-ci,
  - en cas de confirmation de l'acte par son cocontractant devenu ou redevenu capable.

« Les restitutions dues par un mineur non émancipé ou par un majeur protégé sont réduites à hauteur du profit qu'il a retiré de l'acte annulé » (art. 1252-4).

b) Les actes accomplis valablement par le mineur

On peut distinguer 4 catégories d'actes que le mineur peut accomplir seul :

- les actes conservatoires ;
- les ***actes extra-patrimoniaux*** : le mineur peut seul reconnaître un enfant né hors mariage, exercer une action en recherche de paternité ou représenter autrui. En outre, le mineur doit consentir à son mariage, à son adoption s'il a plus de 13 ans (art. 349, al. 1), à son changement de prénom ou de nom s'il a plus de 13 ans (art. 60, al. 2, 61-1, al. 1er, 357, al. 7 et 380-1). Il ne peut conclure un pacs ;
- les ***actes patrimoniaux à caractère personnel*** : le mineur de plus de 16 ans peut disposer par testament jusqu'à la moitié de la quotité disponible. (art. 904, al. 1er). Le mineur de 16 à 18 ans peut conclure un contrat de travail avec l'accord préalable de son ou de ses représentants légaux. Il peut également accomplir seul « les actes d'administration nécessaires pour les besoins de la création et de la gestion d'une entreprise individuelle à responsabilité limitée ou d'une société unipersonnelle », à l'exception des actes de disposition (art. 388-1-2). Des principes semblables s'appliquent en matière associative pour le mineur âgé de plus de 16 ans qui peut, sans l'autorisation de ses parents, participer à la création d'une association et accomplir, sous réserve de l'autorisation de son représentant légal, les actes utiles à son administration, à l'exception des actes de disposition (L. 1er juill. 1901, art. 2 bis) ;

– les ***actes de la vie courante*** : l'article 388-1-1 du Code civil dispose que « L'administrateur légal représente le mineur dans tous les actes de la vie civile, sauf les cas dans lesquels la loi ou l'usage autorise les mineurs à agir eux-mêmes. ». L'article 1148 précise que « Toute personne incapable de contracter peut néanmoins accomplir seule les actes courants autorisés par la loi ou l'usage, pourvu qu'ils soient conclus à des conditions normales ». Ces actes peuvent cependant être sanctionnés par la nullité pour simple lésion, sauf lorsque celle-ci résulte d'un événement imprévisible mais le mineur ne peut pour autant se soustraire aux engagements qu'il a pris dans l'exercice de sa profession (art. 1149).

Le mineur reste responsable de ses délits et quasi-délits.

2 Le mineur émancipé

L'émancipation a pour objectif de conférer une pleine capacité au mineur (art. 413-1 et s.). Le juge aux affaires familiales exerce les fonctions de juge des tutelles des mineurs en matière d'émancipation (COJ, art. L. 213-3-1).

■ *Les causes de l'émancipation*

a) L'émancipation par le mariage

Le mariage entraîne l'émancipation de plein droit du mineur (art. 413-1). Les hypothèses en sont désormais extrêmement limitées dans la mesure où les futurs époux doivent en principe être majeurs.

Cette règle s'explique d'une part par le besoin d'indépendance des époux par rapport aux parents et d'autre part par l'incompatibilité d'un maintien de la protection juridique avec l'application des règles des régimes matrimoniaux.

L'émancipation subsiste en cas de dissolution du mariage avant la majorité du mineur.

b) L'émancipation judiciaire

L'émancipation judiciaire ne peut concerner qu'un mineur de ***plus de 16 ans***.

La demande peut être déposée par les deux parents ou un seul d'entre eux ou par le tuteur, à défaut par l'un des membres du conseil de famille.

La décision est prise par le juge après audition du mineur. Son acceptation est subordonnée à l'existence de « ***justes motifs*** », que le juge appréciera. Ce contrôle vise à éviter que l'émancipation ne soit un moyen pour les parents de se décharger de leurs responsabilités.

Les effets de l'émancipation

L'émancipation emporte un certain nombre de conséquences :

- elle fait ***disparaître l'autorité parentale***, ainsi que l'administration légale ou la tutelle et la responsabilité des parents du fait des enfants ;
- elle confère une ***pleine capacité au mineur*** qui est dès lors capable de tous les actes de la vie civile (art. 413-6, al. 1er) ;
- elle permet au mineur émancipé d'être ***commerçant***, sur autorisation du juge des tutelles au moment de la décision d'émancipation et du président du tribunal judiciaire si la demande est faite postérieurement à l'émancipation (art. 413-8).

Le mineur doit appliquer les mêmes règles que s'il n'était pas émancipé pour se marier, se donner en adoption ou consentir une donation en faveur de son conjoint.

Chapitre 13

L'autorité parentale

L'autorité parentale est l'ensemble des prérogatives, c'est-à-dire des droits et devoirs, reconnus par la loi aux parents afin de protéger la personne et le patrimoine de l'enfant dans sa moralité et sa sécurité. L'autorité parentale concerne l'enfant mineur non émancipé.

1 L'attribution de l'autorité parentale

L'exercice de l'autorité parentale est en principe conjoint. Dans des cas limités, l'exercice peut être unilatéral (et dans des hypothèses encore plus limitées, l'enfant peut être confié à un tiers). Le mineur capable de discernement doit être entendu par le juge dans toute procédure le concernant (art. 388-1).

■ L'exercice conjoint de l'autorité parentale

L'exercice de l'autorité parentale est en principe conjoint, que les parents soient séparés ou non, y compris lorsque l'enfant a été adopté : « Les père et mère exercent en commun l'autorité parentale », qu'ils soient ou non mariés (art. 372). « La séparation des parents est sans incidence sur les règles de dévolution de l'exercice de l'autorité parentale » (art. 373-2).

Les parents peuvent saisir le juge aux affaires familiales afin de faire homologuer la ***convention par laquelle ils organisent les modalités de l'autorité parentale*** et fixent la contribution à l'entretien et à l'éducation de l'enfant (art. 373-2-7). Cette convention pourra prévoir une ***résidence alternée*** c'est-à-dire alternativement au domicile de l'un puis l'autre parent selon une périodicité à définir, le plus souvent une semaine chez l'un, une semaine chez l'autre. Même si les parents sont d'accord sur le principe d'une résidence alternée, le juge doit vérifier que l'intérêt de l'enfant est respecté et que la résidence alternée est matériellement réalisable.

En l'absence d'accord amiable entre les époux ou si cet accord lui apparaît contraire à l'intérêt de l'enfant, le juge désigne le parent chez lequel les enfants mineurs auront leur résidence habituelle. Le magistrat se prononce également sur le droit de visite et d'hébergement dont bénéficiera le parent chez lequel les enfants n'ont pas leur résidence habituelle. Il peut fixer la résidence de l'enfant ***en alternance*** au domicile de chacun des parents ou au domicile de l'un d'eux (art. 373-2-9).

■ *L'exercice unilatéral de l'autorité parentale*

L'exercice unilatéral de l'autorité parentale reste exceptionnel. Il concerne les hypothèses dans lesquelles un parent est hors d'état de manifester sa volonté, décédé et encore plus exceptionnellement les cas où les parents sont séparés ou non mariés ou lorsque l'enfant a été adopté par une personne seule.

a) Le parent hors d'état de manifester sa volonté

Le parent qui est hors d'état de manifester sa volonté, ***en raison de son incapacité, de son absence ou de toute autre cause***, est privé de l'exercice de l'autorité parentale (art. 373).

b) Le parent décédé

Lorsqu'un parent se trouve ***privé de l'exercice de l'autorité parentale ou décède***, cette prérogative est confiée à l'autre parent, à moins qu'il en ait été privé par une décision judiciaire antérieure (art. 373-1).

c) Le parent divorcé ou séparé

« Si l'intérêt de l'enfant le commande », l'article 373-2-1 du Code civil prévoit qu'après le divorce des parents, « le juge peut confier l'exercice de l'autorité parentale à l'un des deux parents ». Le même principe est applicable lorsque des parents non mariés se séparent (art. 373-2-1).

d) Le parent non marié

Lorsque l'enfant a été ***reconnu par un seul de ses parents***, l'exercice de l'autorité parentale revient à l'auteur de la reconnaissance.

Lorsque l'enfant est reconnu plus d'un an après sa naissance ou en cas d'établissement judiciaire de la filiation à l'égard de ce parent, le parent qui a reconnu l'enfant le premier seul l'autorité parentale (art. 372, al. 2). Néanmoins, les parents ont la possibilité d'exercer conjointement l'autorité parentale s'ils font une ***déclaration conjointe*** en ce sens au directeur des services de greffe judiciaires du tribunal judiciaire (art. 372, al. 3).

L'exercice de l'autorité parentale peut également être confié à l'un des parents si le juge estime que l'intérêt de l'enfant le commande (art. 373-2-1).

e) L'exercice unilatéral de l'autorité parentale sur l'enfant adopté

L'exercice de l'autorité parentale sur l'enfant adopté est unilatéral lorsque celui-ci est adopté par une seule personne. Cependant, dans l'hypothèse de l'adoption de l'enfant du conjoint, « l'adoptant est titulaire de l'autorité parentale concurremment avec l'autre membre du couple, lequel en conserve seul l'exercice, sous réserve d'une déclaration conjointe avec l'adoptant adressée au directeur des services de greffe judiciaires du tribunal judiciaire aux fins d'un exercice en commun de cette autorité » (art. 370-1-8).

■ *L'enfant confié à un tiers*

Lorsque l'un des père et mère décède ou se trouve privé de l'exercice de l'autorité parentale, l'autre exerce seul cette autorité (art. 373-1). Cependant, l'article 373-3 du Code civil prévoit qu'exceptionnellement, si l'intérêt de l'enfant l'exige, le juge peut décider de ***confier l'enfant à un tiers***, choisi de préférence dans sa parenté.

Lorsque la ***filiation est établie judiciairement contre les parents***, l'autorité parentale est confiée au conseil de famille après ouverture d'une ***tutelle***. Il en est de même lorsque les parents sont tous deux décédés (art. 373-5).

Lorsque la ***filiation n'est pas établie***, une ***tutelle*** est organisée avec l'aide sociale à l'enfance (art. 390, al. 2).

2 Les attributs de l'autorité parentale relatifs à la personne de l'enfant

L'article 371-1, alinéa premier du Code civil, prévoit que « L'autorité parentale est un ensemble de droits et de devoirs ayant pour finalité l'intérêt de l'enfant ». Les attributs qui peuvent être distingués à la lecture des textes concernent la résidence de l'enfant, sa protection et son éducation.

■ *La résidence de l'enfant*

Les parents possèdent le droit de fixer la résidence de l'enfant. La résidence de l'enfant est chez ses père et mère, où il est domicilié (art. 108-2). Les parents ont la possibilité de retenir l'enfant au lieu où il réside (art. 371-3) et éventuellement de recourir pour cela à la force publique. En cas de séparation des parents, le parent chez lequel il ne réside pas possède un ***droit de visite et d'hébergement*** qui ne peut lui être refusé que pour des motifs graves (art. 373-2-1, al. 2).

Le juge aux affaires familiales peut fixer la résidence de l'enfant ***en alternance*** au domicile de chacun des parents ou au domicile de l'un d'eux (art. 373-2-9 ; v. *supra*, p. 87-88).

Les parents peuvent saisir le juge aux affaires familiales afin de faire homologuer la ***convention par laquelle ils organisent les modalités de l'autorité parentale*** et fixent la contribution à l'entretien et à l'éducation de l'enfant (art. 373-2-7). Cette convention pourra prévoir une résidence alternée.

La cohabitation de l'enfant avec ses parents, résultant de sa résidence habituelle à leur domicile ou au domicile de l'un d'eux, fonde la ***responsabilité*** de ces derniers en cas de dommage causé par l'enfant (art. 1242, al. 4). Celle-ci ne cesse pas lorsque le mineur est confié par contrat à un organisme de vacances, dès lors que ce dernier n'est pas chargé d'organiser et de contrôler à titre permanent le mode de vie de l'enfant.

■ *La protection de l'enfant*

Les parents ont le devoir de ne pas abandonner l'enfant, moralement ou matériellement, et de ne pas le délaisser (C. civ., art. 371-1 et C. pén., art. 227-1). L'autorité parentale doit permettre aux parents de « protéger l'enfant dans sa sécurité, sa santé, sa vie privée et sa moralité, pour assurer son éducation et permettre son développement, dans le respect dû à sa personne » (art. 371-1).

L'enfant a le droit d'entretenir des relations avec ses ***ascendants***, sauf si son intérêt impose de faire obstacle à l'exercice de ce droit (art. 371-4). Les parents peuvent contrôler la correspondance de leur enfant. Ils veillent également à la protection de sa vie privée et de son image. L'intérêt de l'enfant permet au juge aux affaires familiales de fixer les modalités des relations entre l'enfant et un tiers, parent ou non, notamment « lorsque ce tiers a résidé de manière stable avec lui et l'un de ses parents, a pourvu à son éducation, à son entretien ou à son installation, et a noué avec lui des liens affectifs durables » (art. 371-4, al. 2 ; le texte vise notamment le beau-parent). En outre, il ne doit pas être séparé de ses frères et sœurs (art. 371-5).

Les carences des parents dans la protection qu'ils doivent à l'enfant peuvent constituer un ***danger*** entraînant éventuellement une mesure d'assistance éducative, de délégation ou de retrait de l'autorité parentale.

En cas de séparation des parents, celui chez lequel l'enfant n'a pas sa résidence conserve le ***droit et le devoir de surveiller l'entretien et l'éducation de l'enfant***. Il doit être informé des choix importants relatifs à la vie de ce dernier (art. 373-2-1, al. 4).

Depuis la loi du 19 février 2024, les parents ont également pour obligation de protéger en commun le droit à l'image de leur enfant mineur, dans le respect du droit à la vie privée, en associant l'enfant à l'exercice de son droit à l'image, selon son âge et son degré de maturité (art. 372-1, al. 1er).

■ *L'éducation*

L'éducation est un droit et un devoir particulier dans la mesure où elle constitue la ***finalité de l'autorité parentale*** : il s'agit de l'ensemble des choix émis par le parent pour élever l'enfant. Son étendue et son contenu sont l'affaire personnelle des parents. Cependant, un contrôle de l'État existe, permettant de mettre en œuvre des mesures d'assistance éducative en cas de carence des parents mettant l'enfant en danger.

3 Les limitations à l'autorité parentale

Les carences des parents peuvent aboutir à une nécessaire limitation de leurs prérogatives sur l'enfant par une mesure d'assistance éducative, de délégation de l'autorité parentale ou de retrait de celle-ci.

■ *L'assistance éducative*

a) Les conditions de l'assistance éducative

Le recours à une mesure d'assistance éducative répond à l'existence d'un ***danger*** pour l'enfant. Les juges du fond sont souverains pour évaluer celui-ci.

Le danger doit être ***réel et sérieux***. Il doit atteindre la santé, la sécurité ou la moralité de l'enfant. Le danger résulte généralement d'une combinaison de ces différents facteurs. L'atteinte à la moralité est un motif rarement invoqué.

Le juge des enfants peut également être saisi lorsque les ***conditions de l'éducation*** de l'enfant ou de son développement physique, affectif, intellectuel et social ***sont gravement compromises***.

b) La mise en œuvre de l'assistance éducative

Le juge recourt à la mesure d'assistance éducative en s'efforçant de recueillir l'***adhésion de la famille*** et en stricte considération de l'intérêt de l'enfant (art. 375-1, al. 1er, *in fine*).

En principe, l'enfant doit, chaque fois qu'il est possible, être maintenu dans son ***milieu actuel*** **(art. 375-2)**. Le juge peut confier l'enfant à l'autre parent, à un membre de la famille ou un tiers de confiance, à un service ou à un établissement sanitaire ou d'éducation ordinaire ou spécialisé, à un service départemental de l'aide sociale à l'enfance, à un service ou à un établissement habilité pour l'accueil de mineurs à la journée ou suivant toute autre modalité de prise en charge ou enfin à un service ou à un établissement sanitaire ou d'éducation, ordinaire ou spécialisé. Lorsque plusieurs personnes revendiquent l'enfant, le juge doit alors choisir celle qui présente les meilleures garanties sur le plan matériel, moral et affectif.

Le juge peut décider de recourir à une mesure d'***aide éducative*** en chargeant une personne qualifiée ou un service d'observation, d'éducation ou de rééducation en milieu ouvert d'apporter aide et conseil à la famille afin de surmonter les difficultés matérielles et morales qu'elle rencontre. Le juge peut prescrire des ***mesures particulières*** telles que l'obligation de fréquenter régulièrement un établissement sanitaire ou d'éducation, ordinaire ou spécialisé ou d'exercer une activité professionnelle.

c) Les effets de l'assistance éducative

Le parent conserve sur l'enfant son autorité parentale et exerce ***tous les attributs qui ne sont pas inconciliables avec l'application de la mesure***. La mesure ne peut excéder ***deux ans*** mais peut être renouvelée. La mesure peut parfois être d'une durée plus longue, « lorsque les parents présentent des difficultés relationnelles et éducatives graves, sévères et chroniques, évaluées comme telles dans l'état actuel des connaissances, affectant durablement leurs compétences dans l'exercice de leur responsabilité parentale ».

Lorsque l'enfant est confié à une personne ou un établissement, ses parents conservent un ***droit de correspondance ainsi qu'un droit de visite et d'hébergement*** (art. 375-7, al. 4).

■ *La délégation de l'autorité parentale*

Le terme de « délégation » englobe des réalités qui peuvent être très différentes. Il existe ainsi plusieurs formes de délégation de l'autorité parentale, correspondant chacune à des besoins spécifiques (art. 376 et s.).

a) Le cadre de la délégation de l'autorité parentale

La délégation de l'autorité parentale ne concerne que des mineurs de moins de 16 ans. Elle nécessite l'intervention du juge.

Plusieurs types de délégations de l'autorité parentale existent (art. 377) :

– ***la « délégation volontaire » :*** les père et mère peuvent, ensemble ou séparément, lorsque les circonstances l'exigent, saisir le juge en vue de voir déléguer tout ou partie de l'exercice de leur

autorité parentale à un tiers, membre de la famille, proche digne de confiance, établissement agréé pour le recueil des enfants ou service départemental de l'aide sociale à l'enfance ;
- *la « délégation forcée »* : en cas de désintérêt manifeste ou si les parents sont dans l'impossibilité d'exercer tout ou partie de l'autorité parentale, ou lorsqu'un parent est poursuivi par le procureur de la République, mis en examen par le juge d'instruction ou condamné, même non définitivement, pour un crime commis sur la personne de l'autre parent ayant entraîné la mort de celui-ci ou pour un crime ou une agression sexuelle incestueuse commis sur son enfant alors qu'il est le seul titulaire de l'exercice de l'autorité parentale (loi du 18 mars 2024) ou lorsque la diffusion de l'image de l'enfant par ses parents porte gravement atteinte à la dignité ou à l'intégrité morale de celui-ci, le particulier, l'établissement ou le service départemental de l'aide sociale à l'enfance qui a recueilli l'enfant ainsi qu'un membre de la famille en cas d'atteinte à l'image et le ministère public en cas de crime ou agression sexuelle incestueuse, peuvent saisir le juge aux fins de se faire déléguer totalement ou partiellement l'exercice de l'autorité parentale ;
- *la « délégation-partage »* : elle est le résultat de la volonté du législateur de donner un statut minimum au beau-parent. Elle consiste pour les parents à partager l'exercice de l'autorité parentale avec un tiers (le beau-parent), pour les besoins d'éducation de l'enfant. Elle n'a pas connu le succès escompté.

La délégation de l'autorité parentale est prononcée par jugement rendu par le juge aux affaires familiales.

b) Le fonctionnement de la délégation de l'autorité parentale

La délégation a pour effet de ***transférer au délégataire tout ou partie de l'autorité parentale***. Ce transfert porte sur l'exercice de l'autorité parentale.

La délégation de l'autorité parentale peut être ***totale ou partielle***. Lorsqu'elle est totale, la délégation porte également sur le droit de consentir au mariage et à l'émancipation du mineur. Toutefois, le droit de consentir à l'adoption ne peut jamais être délégué (art. 377-3). Si la délégation est partielle, elle peut ne porter que sur la résidence habituelle de l'enfant. Les parents conservent un droit de surveillance, le droit de consentir au mariage, à l'adoption et à l'émancipation.

La mesure de délégation de l'autorité parentale peut cesser « s'il est justifié de circonstances nouvelles » (art. 377-2, al. 1er).

■ *Le retrait de l'autorité parentale*

Le retrait de l'autorité parentale (déchéance de l'autorité parentale avant la loi du 5 juillet 1996), est une mesure rare, d'une particulière gravité (art. 378 et s.). La loi du 18 mars 2024 a récemment élargi les hypothèses de retrait de l'autorité parentale.

a) Les conditions du retrait de l'autorité parentale

Le retrait de l'autorité parentale est prononcé à la suite de ***fautes graves, pénales ou civiles, commises par le parent***.

Cette mesure peut être prononcée soit contre l'un des parents, soit contre l'autre, soit contre les deux à la fois. Le retrait est également applicable « aux ascendants autres que les père et mère pour la part d'autorité parentale qui peut leur revenir sur leurs descendants », même si les grands-parents ne sont jamais titulaires de l'autorité parentale. Dans les deux cas, le retrait de l'autorité parentale n'a jamais un caractère automatique. Le juge garde un pouvoir souverain d'appréciation.

Le retrait concerne tous les enfants mineurs déjà nés au moment du jugement ou certains d'entre eux si le tribunal estime qu'ils ne courent pas tous le même danger. En revanche, il ne s'applique plus désormais aux enfants à naître.

1) Le retrait prononcé par le juge civil

Le retrait de l'autorité parentale peut être prononcé par le tribunal judiciaire en dehors de toute condamnation pénale dans deux hypothèses (art. 378-1) :

- lorsque les parents ***mettent manifestement en danger la sécurité, la santé ou la moralité de l'enfant*** par de mauvais traitements, ou par une consommation habituelle et excessive de boissons alcooliques ou un usage de stupéfiants, ou bien par une inconduite notoire ou des comportements délictueux, notamment lorsque l'enfant est témoin de pressions ou de violences, à caractère physique ou psychologique, exercées par l'un des parents sur la personne de l'autre, ou bien encore par un défaut de soins ou un manque de direction ;
- lorsqu'une mesure d'assistance éducative avait été prise à l'égard des enfants et que, pendant une durée de plus de deux ans, les père et mère se sont ***volontairement abstenus d'exercer et de remplir les devoirs qui découlent de la mesure d'assistance éducative***.

L'action peut être exercée soit par le Ministère public, soit par un membre de la famille (au sens large), soit par le tuteur, soit par le service départemental de l'aide sociale à l'enfance auquel l'enfant est confié.

2) *Le retrait prononcé par la juridiction pénale*

La juridiction pénale peut prononcer le retrait de l'autorité parentale ou de l'exercice de l'autorité parentale dans trois plusieurs cas (art. 378) :

- l'enfant est la ***victime*** d'un délit, autre qu'une agression sexuelle incestueuse, commise par le parent (art. 378, al. 2) ;
- l'enfant est le ***complice*** ou le coauteur d'un crime ou d'un délit commis par le parent (art. 378, al. 3). Le législateur a voulu éviter que le parent ne se conduise comme un instigateur des crimes ou délits de son enfant ;
- le parent est ***auteur, coauteur ou complice*** d'un délit sur la personne de l'autre parent (art. 378, al. 3) ;
- le parent est ***auteur, coauteur ou complice d'un crime ou d'une agression sexuelle incestueuse*** commis sur la personne de son enfant ou d'un ***crime commis sur la personne de l'autre parent*** (art. 378, al. 1er ; L., 18 mars 2024) : dans ce cas, la juridiction pénale doit ordonner le retrait de l'autorité parentale, sauf décision contraire spécialement motivée. Si la juridiction pénale n'ordonne pas le retrait total de l'autorité parentale, elle doit ordonner le retrait partiel de l'autorité parentale ou le retrait de l'exercice de l'autorité parentale, sauf décision contraire spécialement motivée.

Le retrait de l'autorité parentale prononcé par une juridiction répressive ne concerne que les crimes et délits mais en aucun cas les contraventions.

En cas de condamnation du parent comme auteur, coauteur ou complice d'un crime ou d'une agression sexuelle incestueuse commis sur la personne de son enfant ou d'un crime commis sur la personne de l'autre parent, le retrait doit être ordonné, sauf décision contraire spécialement motivée. Dans les autres cas, le retrait de l'autorité parentale ou de l'exercice de l'autorité parentale n'a pas un caractère automatique ; le juge garde un ***pouvoir souverain d'appréciation***.

Le retrait prononcé par le juge pénal peut ne concerner que l'exercice de l'autorité parentale.

La loi du 30 décembre 2019 a également permis la suspension automatique de l'exercice de l'autorité parentale et des droits de visite et d'hébergement du parent poursuivi ou condamné pour crime commis sur la personne de l'autre parent (art. 378-2) ; la loi du 18 mars 2024 a élargi cette suspension automatique en cas d'inceste ou de crime commis sur la personne de l'enfant jusqu'à la décision du juge aux affaires familiales, la décision de non-lieu du juge d'instruction ou la décision de la juridiction pénale.

b) Les effets du retrait de l'autorité parentale

Le juge a la possibilité de prononcer un retrait total de l'autorité parentale ou bien seulement un retrait partiel.

1) Le retrait total de l'autorité parentale

Le parent qui s'est vu retirer l'autorité parentale perd les ***droits liés à la résidence de l'enfant, à sa protection et à son éducation***, le droit de consentir au mariage, à l'émancipation du mineur et à l'adoption de son enfant (art. 379). Il perd également l'administration légale, la jouissance légale ainsi que les différentes charges de la tutelle. Le retrait de l'autorité parentale ***ne fait pas disparaître la filiation***.

Si l'autre parent est en mesure d'exercer l'autorité parentale, cet exercice lui est dévolu automatiquement (art. 373-1). ***L'autre parent exerce unilatéralement l'autorité parentale*** et possède également unilatéralement le droit de consentir au mariage, à l'adoption ou à l'émancipation de l'enfant.

2) Le retrait partiel de l'autorité parentale

Le jugement peut limiter le retrait des droits à ***certains attributs*** qu'il spécifie (art. 379-1). Les parents conservent les prérogatives traditionnelles de l'autorité parentale que sont les droits de consentir au mariage, à l'adoption et à l'émancipation de l'enfant.

Dans cette hypothèse, ***seuls les droits retirés sont exercés unilatéralement par l'autre parent***. Les droits qui ne sont pas retirés continuent à être exercés conjointement par les deux parents.

4 L'obligation d'entretien

L'article 203 du Code civil dispose que « Les époux contractent ensemble, par le seul fait du mariage, l'obligation de nourrir, entretenir et élever leurs enfants ». L'article 371-2 du Code civil dispose dans son premier alinéa que « Chacun des parents contribue à l'entretien et à l'éducation des enfants à proportion de ses ressources, de celles de l'autre parent, ainsi que des besoins de l'enfant ».

L'étendue de l'obligation d'entretien

a) L'objet de l'obligation d'entretien

Le parent doit fournir à l'enfant des ***aliments*** au sens commun du terme (alimentation quotidienne et suffisante) mais également tous les ***biens matériels nécessaires à la vie de l'enfant***, c'est-à-dire notamment un logement, des vêtements et plus largement tout ce qui est nécessaire au développement de sa personnalité.

b) Les créanciers de l'obligation d'entretien

L'obligation d'entretien est liée d'une part à l'autorité parentale et d'autre part au lien de filiation. Ainsi, elle ne disparaît ni en cas d'annulation du mariage, ni en cas de mesure d'assistance éducative, ni même en cas de retrait de l'autorité parentale. Seuls les ***parents*** en sont tenus. Les grands-parents sont tenus de l'obligation alimentaire de façon subsidiaire lorsque les parents ne peuvent faire face à leurs propres obligations.

Seuls les père et mère sont tenus de l'obligation d'entretien et seulement à l'égard de leurs enfants. Les enfants n'ont pas d'obligation d'entretien envers leurs parents mais sont tenus envers eux d'une obligation alimentaire.

La durée de l'obligation d'entretien

L'obligation d'entretien ***ne cesse pas de plein droit lorsque l'enfant est majeur*** (art. 371-2, *in fine*). L'obligation de maintenir l'obligation d'entretien au-delà de la majorité trouve souvent application lorsque l'enfant poursuit des études, peu importe qu'il vive ou non avec ses parents, mais également après la fin de ses études, par exemple jusqu'à ce qu'il ait trouvé un emploi.

L'exécution de l'obligation d'entretien

L'exécution ***en nature*** est la plus répandue, le parent fournissant généralement de façon quotidienne à l'enfant qui vit avec lui tout ce qui est nécessaire à sa vie. Les dépenses ainsi engagées font partie des charges du mariage prévues à l'article 214 du Code civil lorsque les parents sont mariés.

L'exécution en valeur n'intervient qu'en cas d'absence de communauté de vie entre l'enfant et le parent. L'obligation d'entretien prend alors la forme d'une ***pension alimentaire*** révisable, en fonction des besoins de l'enfant et des ressources des parents, et indexée.

Chapitre 14

Le patrimoine du mineur

En matière patrimoniale comme en matière extrapatrimoniale, chacun des parents est titulaire d'un droit correspondant à un devoir : le droit est la jouissance légale, le devoir est l'administration légale. Le lien entre administration légale et jouissance légale cesse lorsque l'enfant atteint l'âge de 16 ans : l'administration légale demeure alors que la jouissance légale des parents cesse.

1 L'administration légale

L'administration légale consiste dans ***l'administration du patrimoine du mineur.*** Elle ne concerne pas les biens donnés ou légués au mineur sous la condition qu'ils soient administrés par un tiers (art. 384, al. 1er).

■ *Titulaires*

Il n'est plus distingué entre administration légale pure et simple et administration légale sous contrôle judiciaire. Désormais, « L'administration légale appartient aux parents. Si l'autorité parentale est exercée en commun par les deux parents, chacun d'entre eux est administrateur légal. Dans les autres cas, l'administration légale appartient à celui des parents qui exerce l'autorité parentale » (art. 382).

■ *Fonctionnement*

L'administrateur légal représente le mineur dans tous les actes de la vie civile, sauf les cas dans lesquels la loi ou l'usage autorise les mineurs à agir eux-mêmes (art. 388-1-1). Chaque administrateur légal est réputé, à l'égard des tiers, avoir reçu de l'autre le ***pouvoir de faire seul les actes d'administration*** (C. civ., art. 496) portant sur les biens du mineur. Les textes définissent désormais les actes que l'administrateur légal ne peut faire que sur ***autorisation*** préalable du juge des tutelles et ceux qu'il ***ne peut faire***, même avec une autorisation (art. 387-1 et 387-2).

L'administration légale constitue ***un régime de représentation et non d'assistance.*** L'administrateur légal représente le mineur dans tous les actes de la vie civile, sauf lorsque la loi ou l'usage autorise les mineurs à agir eux-mêmes (art. 388-1-1).

L'administrateur sera ***comptable de sa gestion*** à l'achèvement de l'administration légale. Les règles de contrôle de sa gestion ont été renforcées par l'ordonnance du 15 octobre 2015 (art. 387-3 et s.).

2 La jouissance légale

La jouissance légale constitue en quelque sorte un ***usufruit,*** appartenant à celui ou ceux des parents qui sont déjà titulaires de l'administration légale (art. 386-1), sur les biens de leurs enfants mineurs non émancipés de moins de 16 ans. La jouissance légale ***ne s'exerce pas*** sur les biens acquis par l'enfant par son travail, ceux qui lui sont donnés ou légués sous la condition expresse que les parents n'en jouiront pas ainsi que ceux qu'il reçoit au titre de l'indemnisation d'un préjudice extrapatrimonial dont il a été victime (art. 386-4).

■ *Prérogatives*

Les droits du titulaire de la jouissance légale sont les ***droits habituels qui appartiennent à l'usufruitier***. Cependant, étant un attribut de l'autorité parentale et de ce fait indisponible, le droit de jouissance est incessible, il ne peut être hypothéqué et est insaisissable (sauf l'excédent des revenus sur les dépenses qui tombe peu à peu dans le patrimoine des parents).

Les titulaires de la jouissance légale peuvent percevoir des revenus, donner les immeubles à bail, conserver et jouir de la chose et ont l'obligation de respecter le mode de jouissance établi par le précédent propriétaire.

■ *Charges*

Les ***charges de la jouissance légale*** (art. 385) sont de trois ordres :

- il s'agit tout d'abord des charges dont sont tenus généralement les usufruitiers, c'est-à-dire notamment la contribution aux dettes qui grèvent le patrimoine sur lequel porte l'usufruit (art. 610 et 612) ;
- il s'agit ensuite de la nourriture, de l'entretien et de l'éducation de l'enfant selon sa fortune ;
- enfin, la dernière charge de la jouissance légale est constituée par les dettes grevant la succession recueillie par l'enfant en tant qu'elles auraient dû être acquittées sur les revenus.

■ *Extinction*

Les ***causes d'extinction*** de la jouissance légale sont précises (art. 386-2) :

– certains événements mettent fin de plein droit à l'usufruit : décès ou renonciation de l'usufruitier, abus de jouissance par exemple ;

– il existe une cause d'extinction propre à la jouissance légale : l'enfant atteint l'âge de 16 ans ;

– la jouissance légale peut également disparaître suite à l'extinction de l'autorité parentale.

Chapitre 15

La tutelle du mineur

La tutelle est une institution permettant d'assurer la protection du mineur en cas de défaillance des parents.

1 Les cas d'ouverture de la tutelle du mineur

Il existe ***plusieurs cas d'ouverture*** de la tutelle du mineur :

- la tutelle s'ouvre de plein droit en application de l'article 390 du Code civil lorsque ***les père et mère sont décédés*** ou bien se trouvent privés de l'exercice de l'autorité parentale ou si l'un des parents est décédé et l'autre se trouve privé de l'exercice de l'autorité parentale ou encore lorsque la filiation de l'enfant n'a pas été établie. Dans ces hypothèses, le juge convoque le conseil de famille dès qu'il constate cette situation ;
- l'article 391 du Code civil permet au juge de ***transformer l'administration légale en tutelle*** pour ***cause grave*** c'est-à-dire lorsque les intérêts du mineur (patrimoine ou personne) ne sont pas suffisamment protégés. Le juge statue soit d'office, soit à la requête de parents ou alliés ou du Ministère public (art. 391, al. 1er) ;
- l'initiative de la tutelle peut également venir du ***juge aux affaires familiales*** lorsqu'il statue sur l'exercice de l'autorité parentale après séparation des parents, divorce ou séparation de corps et qu'il décide de confier l'enfant à un tiers. Il peut requérir l'ouverture de la tutelle si le tiers ne l'a pas encore fait (art. 373-4).

2 Le fonctionnement de la tutelle

Selon l'article 494 du Code civil, « La tutelle, protection due à l'enfant, est une charge publique. Elle est un devoir des familles et de la collectivité publique ». ***Elle peut protéger à la fois la personne et le patrimoine du mineur.*** Dans certains cas, elle est limitée à la protection de la personne de l'enfant (art. 374-2).

Le juge

Dans le cadre de la tutelle des mineurs, le juge aux affaires familiales exerce les fonctions du juge des tutelles dans trois domaines :

- il a une fonction de surveillance générale de la tutelle, partagée avec le procureur de la République (art. 395) ;
- il donne certaines autorisations au tuteur (art. 468) ;
- il désigne les membres du conseil de famille (art. 407, al. 2).

Le tuteur

a) La désignation du tuteur

La ***tutelle testamentaire*** est celle par laquelle le tuteur a été désigné par le dernier vivant des père et mère s'il avait conservé au jour de sa mort l'exercice de l'administration légale ou de la tutelle (art. 403, al. 1er). Ce choix doit avoir été établi sous la forme d'un testament ou d'une déclaration spéciale devant un notaire (art. 403, al. 2). Le mode de désignation, nommée la tutelle légale des ascendants, qui permettait, en l'absence de désignation du tuteur par les père et mère, de désigner celui des ascendants qui était du degré le plus rapproché, a disparu (art. 402). En l'absence de tuteur testamentaire, le tuteur est désigné par le conseil de famille (art. 404) qui dispose d'un pouvoir souverain d'appréciation : il s'agit d'une ***tutelle dative***.

La ***charge de tuteur*** est personnelle (art. 407), obligatoire (art. 494), gratuite. Le tuteur doit en outre réunir un certain nombre de qualités ; ainsi, certaines personnes ne peuvent exercer les charges de la tutelle en raison de leur ***incapacité*** (mineurs et majeurs juridiquement protégés ; art. 395-1° et 2°), de ***sanctions*** qui les touchent (personnes condamnées à la privation des droits civiques, civils et de famille, personnes ayant fait l'objet d'un retrait de l'autorité parentale) ou de l'***inaptitude***, de la négligence, de l'inconduite ou de la fraude dont ils ont fait preuve dans l'exercice de la charge tutélaire (art. 396, al. 1er). Ces causes peuvent aboutir à l'exclusion ou à la destitution de ceux qu'elle intéresse.

b) Le rôle du tuteur

Le tuteur est chargé de la ***personne de l'enfant*** (art. 408, al. 1er) et met en œuvre les décisions du conseil de famille. Il représente le mineur dans les actes de la vie civile, sauf lorsque la loi ou l'usage autorise le mineur à agir lui-même, et fixe sa résidence.

Il « ***arrête le budget de la tutelle*** et en informe le conseil de famille ou, à défaut, le juge » (C. civ., art. 500).

Le tuteur peut accomplir seul et sans autorisation les ***actes conservatoires*** et, sous réserve des actes usuels accomplis seuls par le mineur, les ***actes d'administration*** nécessaires à la gestion du patrimoine du mineur (art. 504, al. 1er). Le tuteur doit demander l'autorisation du conseil de famille pour accomplir des ***actes de disposition*** au nom de la personne protégée (art. 505, al. 1er). Lorsque le conseil de famille refuse au tuteur l'accomplissement d'un acte qui requiert son autorisation, le tuteur peut passer outre en sollicitant l'autorisation du juge (art. 505, al. 1er) dès lors que la valeur maximale en capital des biens sur lesquels porte l'acte ne dépasse pas 50 000 euros (D. n° 2008-1484, 22 déc. 2008).

Le tuteur agit également seul ***en justice*** pour faire valoir les droits patrimoniaux de la personne protégée (art. 504, al. 2) mais il ne peut transiger sans approbation du conseil de famille ou du juge.

Le tuteur peut accepter seul une ***succession*** échue au mineur à concurrence de l'actif net seulement (art. 507-1, al. 1er). Il peut l'accepter purement et simplement si l'actif dépasse manifestement le passif, après recueil d'une attestation du notaire chargé du règlement de la succession ou, à défaut, après autorisation du conseil de famille ou du juge (art. 507-1 – L. 23 mars 2019).

Le tuteur établit chaque année ainsi que lorsque sa mission prend fin, un ***compte de gestion*** qu'il soumet au directeur des services de greffe judiciaires du tribunal judiciaire, en vue de sa vérification, selon une procédure qui a été simplifiée par la loi du 23 mars 2019 (art. 510 et s.).

L'accomplissement de certains actes reste interdit au tuteur même avec une autorisation (par exemple les aliénations à titre gratuit ; art. 509).

■ *Le subrogé-tuteur*

Le subrogé-tuteur est nommé par le conseil de famille parmi ses membres (art. 409). Il est souvent choisi dans une ***autre branche de la famille*** que le tuteur.

Le subrogé-tuteur est le surveillant du tuteur (art. 410, al. 1er). Il représente exceptionnellement le mineur en cas d'opposition d'intérêts entre le tuteur et son pupille (art. 410, al. 1er).

■ *Le conseil de famille*

Les ***membres*** du conseil de famille sont ***désignés par le juge***. Ils sont au nombre de quatre au moins, y compris le subrogé tuteur mais sans compter le juge. Il n'est plus compétent, sauf en cas de difficulté, pour arrêter le budget de la tutelle.

Les membres du conseil de famille sont ***choisis par le juge*** parmi les parents et alliés des père et mère du mineur. Le juge apprécie pour cela différentes circonstances telles que les relations habituelles qu'ils entretenaient avec le père ou la mère de l'enfant, les liens affectifs qu'ils ont avec lui et leur disponibilité (art. 399, al. 4). L'une des deux lignes ne doit pas, dans la mesure du possible, rester sans représentation. Peut également être appelée à exercer les charges tutélaires toute personne qui manifeste un intérêt pour l'enfant (art. 399, al. 3).

Les ***membres*** du conseil de famille sont nommés ***pour la durée de la tutelle*** (art. 399, al. 1er) ; il peut toutefois être pourvu à leur remplacement en cas de changement grave de leur situation (art. 396, al. 2).

Le ***conseil de famille*** désigne éventuellement le tuteur et peut le destituer. Il nomme le subrogé tuteur.

Le conseil de famille a un certain nombre de ***devoirs et obligations*** :

– il fixe les conditions de l'entretien et de l'éducation de l'enfant en tenant compte de la volonté que les père et mère ont pu exprimer (art. 401, al. 1er) ;
– il apprécie les indemnités qui peuvent être allouées au tuteur (art. 401, al. 2) ;
– il est compétent pour les décisions essentielles concernant la personne du mineur ;
– il autorise le mineur à accomplir seul les actes d'administration nécessaires pour les besoins de la création et de la gestion d'une entreprise individuelle à responsabilité limitée ou d'une société unipersonnelle (art. 408, al. 4) ;
– il prend les décisions et donne au tuteur les autorisations nécessaires pour la gestion des biens du mineur (art. 401, al. 3).

Chapitre 16

La protection du majeur vulnérable

Lorsqu'en raison d'une altération de ses facultés personnelles physiques ou mentales, une personne se trouve dans l'impossibilité de pourvoir seule à ses intérêts, l'article 425 du Code civil prévoit qu'elle sera pourvue d'un régime de protection. Les mécanismes de protection occasionnelle peuvent parfois se révéler suffisants.

1 La protection occasionnelle des majeurs

Un acte juridique ne peut être valable que si celui qui l'accomplit est sain d'esprit (art. 414-1 et 1129). L'individu qui n'a pas toute sa raison n'est pas valablement engagé.

■ *Les cas de protection occasionnelle*

La protection occasionnelle du majeur peut être mise en œuvre dans deux cas :
- altération des facultés personnelles de courte durée (accès de folie, ivresse...) ;
- absence d'organisation d'un régime de protection, toujours facultative, alors même que l'altération des facultés mentales est durable.

■ *Les modalités de la protection occasionnelle*

La preuve du trouble mental permet d'obtenir la ***nullité relative de l'acte en cause***. Celui qui invoque le trouble mental devra prouver que celui-ci existait au moment de l'acte.

Lorsque ***l'individu qui a passé l'acte est vivant***, il est le seul à pouvoir exercer l'action en nullité, représenté le cas échéant par son tuteur ou son curateur (art. 414-2, al. 1er).

Lorsque ***l'individu qui a passé l'acte est décédé***, l'action en nullité, qui appartient aux héritiers, ne peut être exercée que dans 4 cas (sauf pour les donations entre vifs et le testament – art. 414-2, al. 2) :

– si l'acte porte en lui-même la preuve d'un trouble mental ;

– si l'acte a été fait dans un temps où l'individu était placé sous la sauvegarde de justice ;

– si une action avait été introduite avant le décès aux fins d'ouverture de la tutelle ou de la curatelle ;

– s'il a été donné effet au mandat de protection future.

L'action doit être exercée dans un délai de 5 ans (art. 2224).

2 La protection durable du majeur

Certains éléments de la protection du majeur vulnérable sont communs aux différentes mesures de protection, qu'il s'agisse d'une sauvegarde de justice, d'une tutelle, d'une curatelle ou d'une habilitation familiale ; d'autres sont spécifiques à chacune de ces mesures de protection.

■ *Les principes généraux de la protection durable du majeur protégé*

Le juge des tutelles et le procureur de la République exercent une surveillance générale des mesures de protection du majeur vulnérable (art. 416, al. 1er).

a) Les conditions de fond

Peuvent faire l'objet d'une mesure de protection juridique le ***majeur et le mineur émancipé*** (art. 429, al. 1er). Lorsque l'intéressé est mineur, une demande en vue d'une mesure de protection peut être introduite et jugée dans la dernière année de sa majorité en vue de prendre effet le jour de sa majorité (art. 429, al. 2).

Le majeur peut bénéficier d'une mesure de protection juridique lorsqu'il se trouve dans l'***impossibilité de pourvoir seul à ses intérêts*** en raison d'une altération, médicalement constatée, soit de ses facultés mentales, soit de ses facultés corporelles de nature à empêcher l'expression de sa volonté (art. 425, al. 1er). La mesure est proportionnée et individualisée en fonction du degré d'altération des facultés personnelles de l'intéressé (art. 428, al. 2). Le majeur reçoit une ***protection adaptée à sa situation tant personnelle que patrimoniale*** (art. 415, 425 et 428).

Le juge n'ordonne la mesure de protection que si celle-ci est ***nécessaire***, c'est-à-dire s'il ne peut être suffisamment pourvu aux intérêts de la personne par la mise en œuvre du mandat de protection future conclu par l'intéressé, par l'application des règles du droit commun de la représentation, de celles relatives aux droits et devoirs respectifs des époux et des règles ***des régimes matrimoniaux*** (art. 217, 219, 1426 et 1429 ; v. Chapitre 8) ou par une autre mesure de protection moins contraignante (art. 428).

b) Les conditions de forme

L'ouverture d'une mesure peut être ***sollicitée par*** l'intéressé lui-même, son conjoint, son concubin ou le partenaire (pacs) (à moins que la vie commune ait cessé entre eux), un parent ou un allié, une personne entretenant avec le majeur des liens étroits et stables, la personne qui exerce à son égard une mesure de protection juridique ou par le procureur de la République soit d'office, soit à la demande d'un tiers (art. 430).

La demande doit être ***présentée au moyen d'une requête*** désignant la personne à protéger ainsi que les faits qui justifient la mesure de protection, énumérant les membres de l'entourage de la personne à protéger et préciser si possible d'une part le nom du médecin traitant, d'autre part les éléments relatifs à la situation familiale, financière et patrimoniale du majeur (CPC, art. 1218-1).

Le demandeur doit fournir au juge des tutelles, à peine d'irrecevabilité, un ***certificat circonstancié rédigé par un médecin*** choisi sur une liste établie par le procureur de la République (art. 431).

Des documents spécifiques doivent être fournis par la personne autre que l'une de celles de l'entourage du majeur qui saisit le procureur de la République (art. 431, al. 3).

Le juge ne peut statuer sans avoir ***vu, entendu ou appelé*** la personne qui doit être protégée, sauf lorsque l'audition serait de nature à porter atteinte à sa santé ou lorsque celui-ci est hors d'état d'exprimer sa volonté (C. civ., art. 432 ; CPC, art. 1220-3).

La décision du juge doit intervenir dans l'année de la ***requête*** initiale (CPC, art. 1227). Elle doit être motivée, notifiée et peut faire l'objet d'un recours (CPC, art. 1239 à 1247). L'***appel*** est possible dans les 15 jours de la notification d'une décision procédant à l'ouverture d'une curatelle ou d'une tutelle, à l'initiative de toute personne qui était en droit de demander l'ouverture de la procédure (CPC, art. 1239), même si elle n'est pas intervenue à l'instance. L'appel contre la décision refusant l'ouverture de la tutelle ou de la curatelle n'est ouvert qu'au requérant. La décision ouvrant la sauvegarde de justice n'est susceptible d'aucun recours (CPC, art. 1249).

La sauvegarde de justice

Le régime de la sauvegarde de justice est souvent une mesure temporaire (art. 433 à 439).

a) L'ouverture de la sauvegarde de justice

La sauvegarde de justice peut faire suite à deux types de procédures :

- la sauvegarde de justice doit être envisagée lorsque l'intéressé a ***besoin d'une protection juridique temporaire ou d'être représentée*** pour l'accomplissement de certains actes déterminés en raison d'une altération, médicalement constatée, soit de ses facultés mentales, soit de ses facultés corporelles de nature à empêcher l'expression de sa volonté (art. 433, al. 1er). Cette mesure peut également être prononcée par le juge, lorsqu'il a été saisi d'une procédure de curatelle ou de tutelle, pour la durée de l'instance (art. 433, al. 2) ;
- la sauvegarde de justice peut également résulter d'une ***déclaration faite par le médecin*** qui donne des soins à l'intéressé, au procureur de la République du lieu de traitement, lorsqu'il constate que son patient a besoin d'être protégé dans les actes de la vie civile pour l'une des causes prévues à l'article 425 du Code civil (C. civ., art. 434 ; CSP, art. L. 3211-6).

Dans les deux cas, mention de la sauvegarde de justice est faite sur un ***registre*** spécialement tenu à cet effet au Parquet.

b) L'organisation de la sauvegarde de justice

La gestion du patrimoine de la personne protégée se fait par application de procédés de représentation :

- ***mandat conventionnel*** (art. 436, al. 1er) : le malade a pu désigner par avance un mandataire pour le cas où son état justifierait qu'une tierce personne administre ses biens ;
- ***gestion d'affaires*** (art. 436, al. 2 et 3) : elle s'applique à défaut de mandat conventionnel. Les personnes qui auraient qualité pour demander l'ouverture de la tutelle ont l'obligation de faire les actes conservatoires que nécessite la gestion du patrimoine du malade, de même que celui qui héberge l'intéressé à son domicile et le directeur de l'établissement de traitement, lorsqu'ils ont eu connaissance tant de leur urgence que de la déclaration aux fins de sauvegarde ;
- ***mandat judiciaire*** (art. 437) : un mandataire spécial peut être désigné par le juge des tutelles s'il n'y a ni mandataire conventionnel et en l'absence de gestion d'affaires, dans l'objectif d'accomplir un ou plusieurs actes déterminés, y compris des actes de disposition, dès lors qu'ils sont rendus nécessaires par la gestion du patrimoine de la personne protégée (art. 437, al. 2). Le mandataire spécial peut également se voir confier une mission de protection de la personne (art. 438).

c) La condition du majeur sous sauvegarde de justice

La sauvegarde de justice est un ***régime de protection temporaire***. La personne placée sous sauvegarde de justice conserve l'exercice de ses droits (art. 435, al. 1er).

Les actes juridiques passés par la personne protégée ne sont pas nuls pour incapacité, mais ils peuvent être contestés pour deux causes :

- ***insanité d'esprit au moment même de l'émission de la volonté*** : il s'agit d'appliquer les règles prévues à l'article 414-1 du Code civil (v. protection occasionnelle) ;
- ***lésion ou excès*** : l'action en rescision pour lésion ou l'action en réduction pour excès, qui conduit à la nullité relative de l'acte, sont possibles. Le tribunal dispose dans cette hypothèse d'un large pouvoir d'appréciation. L'action « n'appartient qu'à la personne protégée et, après sa mort, à ses héritiers ». Elle peut être exercée dans un délai de 5 ans (art. 435, al. 3).

L'acte pour l'accomplissement duquel un mandataire spécial a été désigné par le juge des tutelles peut être annulé lorsqu'il a été accompli par la personne placée sous sauvegarde de justice (art. 435, al. 1er et art. 437).

d) La cessation de la sauvegarde de justice

La sauvegarde de justice prend fin :

- ***par l'ouverture d'une mesure de curatelle ou de tutelle*** à partir du jour où la nouvelle mesure de protection juridique prend effet (art. 439, al. 4) ;
- lorsque la sauvegarde de justice a été ouverte sur déclaration du médecin au procureur de la République, par ***déclaration faite au même procureur*** lorsque le besoin de protection temporaire cesse (art. 439, al. 3) ;
- suite à une ***radiation d'office*** par le procureur de la République s'il estime que le régime de protection initié par déclaration médicale n'est plus justifié (art. 439, al. 3) ou à l'initiative du juge à tout moment si le besoin de protection temporaire cesse (art. 439, al. 2) ;
- par la ***péremption*** : la mesure devient caduque à l'expiration d'un délai d'un an en l'absence de renouvellement ou après l'accomplissement des actes pour lesquels elle a été ordonnée (art. 439, al. 1er renvoyant à art. 442, al. 4). À défaut de mainlevée, de déclaration de cessation ou de radiation de la déclaration médicale, la sauvegarde de justice prend également fin ***à l'expiration du délai ou après l'accomplissement des actes pour lesquels elle a été ordonnée*** (art. 439, al. 4) ;
- au ***décès*** de la personne protégée (art. 418).

■ *La tutelle et la curatelle*

La tutelle et la curatelle obéissent parfois à des règles communes mais comportent également des dispositions spécifiques à chacune d'elles. Le Code civil prévoit des dispositions communes au fonctionnement de la tutelle du mineur et du majeur aux articles 496 et suivants du Code civil sauf lorsque des dispositions spécifiques au majeur sont prévues.

a) L'ouverture de la mesure

1) L'ouverture de la curatelle

La curatelle est organisée en cas d'***altération des facultés mentales,*** dans le cadre de l'article 425 du Code civil ou lorsque « la personne qui, sans être hors d'état d'agir elle-même, a besoin, pour l'une des causes prévues à l'article 425, d'être assistée ou contrôlée d'une manière continue dans les actes importants de la vie civile » (art. 440).

2) L'ouverture de la tutelle

La tutelle n'est organisée que s'il est établi que ni la sauvegarde de justice, ni la curatelle ne peuvent assurer une protection suffisante, c'est-à-dire lorsque l'intéressé « doit être ***représenté d'une manière continue*** dans les actes de la vie civile » (art. 440, al. 4). L'altération des facultés mentales ou corporelles du malade doit être constatée dans un certificat médical établi par un médecin habilité. La tutelle du majeur nécessite une demande en justice qui donnera lieu à une décision du juge des tutelles, lequel ne peut plus se saisir d'office.

3) La publicité de la mesure

La tutelle ou la curatelle du majeur nécessite une demande en justice, qui donnera lieu à une décision du juge des tutelles. « Les jugements portant ouverture, modification ou mainlevée de la curatelle ou de la tutelle ne sont ***opposables aux tiers*** que deux mois après que la mention en a été portée en marge de l'acte de naissance de la personne protégée selon les modalités prévues par le Code de procédure civile » (art. 444, al. 1er) mais ils sont opposables aux tiers qui en ont personnellement connaissance même en l'absence de cette mention.

4) La durée de la mesure

La mesure de protection ne peut viser qu'un sujet majeur ou un mineur émancipé (art. 429, al. 1er). Néanmoins, il est possible d'***anticiper***, dans la dernière année de la minorité, l'introduction et le jugement de la demande. La mesure prend alors effet au jour de la majorité de l'intéressé (art. 429, al. 2).

La tutelle et la curatelle peuvent prendre ***fin*** pour plusieurs causes (art. 443) :

- par le ***décès du majeur*** protégé ;
- à l'***expiration du délai fixé*** pour la mesure en l'absence de renouvellement de celle-ci. La durée de la mesure de tutelle ou de curatelle est fixée par le juge dans la limite de ***5 années*** (art. 441). Par décision spécialement motivée et avis conforme d'un médecin agréé, le juge peut porter ce délai à ***10 ans*** maximum en cas de tutelle lorsque l'altération des facultés personnelles de l'intéressé n'apparaît manifestement pas susceptible de connaître une amélioration selon les données acquises de la science (art. 441, al. 2). La mesure est renouvelable pour une même durée (art. 442, al. 1er) ou pour une durée plus longue lorsque l'altération des facultés personnelles de l'intéressé n'apparaît manifestement pas susceptible de connaître une amélioration selon les données acquises de la science (art. 442, al. 2). Cette durée ne peut excéder ***20 ans*** (art. 442, al. 2, *in fine*) ;
- par le jugement de mainlevée passé en force de chose jugée : le juge peut, ***à tout moment***, mettre fin à la mesure, la modifier ou lui substituer une autre mesure, après avoir recueilli l'avis de la personne chargée de la mesure de protection (art. 442, al. 3) ;
- par décision du juge lorsque ***la personne protégée réside hors du territoire national*** lorsque cet éloignement empêche le suivi et le contrôle de la mesure.

b) Les organes de protection de la tutelle et de la curatelle

1) Le tuteur ou curateur

Les règles applicables au tuteur et au curateur sont celles fixées en matière de tutelle des mineurs (art. 445). Le juge des tutelles ***désigne le curateur ou le tuteur*** (art. 447, al. 1er), sauf si l'intéressé avait déjà désigné les personnes chargées d'exercer les fonctions de curateur ou de tuteur pour le cas où il serait placé en curatelle ou en tutelle (art. 448, al. 1er). En l'absence de proche ou de famille susceptible d'exercer ces fonctions, le juge désigne un mandataire judiciaire à la protection des majeurs (C. civ., art. 450 ; CASF, art. L. 471-2). Les membres des professions médicales et de la pharmacie, les auxiliaires médicaux ainsi que le fiduciaire désigné par le contrat de fiducie ne peuvent exercer une charge curatélaire ou tutélaire à l'égard de leurs patients (art. 445, al. 2).

Lorsqu'une personne est hébergée ou soignée dans un ***établissement de santé ou dans un établissement social ou médico-social***, le juge peut désigner une personne ou un service préposé de l'établissement inscrit sur la liste des mandataires judiciaires à la protection des majeurs (art. 451, al. 1er).

La curatelle et la tutelle sont des ***charges personnelles*** (art. 452, al. 1er) et en principe ***gratuites*** (art. 419).

2) Le subrogé-tuteur ou le subrogé-curateur

Le ***subrogé-tuteur*** et le ***subrogé-curateur*** sont nommés uniquement lorsque le juge des tutelles l'estime nécessaire (art. 454, al. 1er). Ils ont pour rôle d'***assister ou de représenter***, selon le cas, la personne protégée lorsque les intérêts de celle-ci sont en opposition avec ceux du curateur ou du tuteur ou lorsque l'un ou l'autre ne peut lui apporter son assistance ou agir pour son compte en raison des limitations de sa mission (art. 454, al. 5). Le curateur ou le tuteur doit informer et consulter le subrogé tuteur ou le subrogé curateur de tout acte grave qu'il accomplit (art. 454, al. 6).

Lorsqu'à l'occasion d'un acte ou d'une série d'actes, il apparaît que les intérêts du curateur ou du tuteur sont en opposition avec ceux de la personne protégée ou lorsqu'il ne peut lui apporter son assistance ou agir pour son compte en raison des limitations de sa mission, un ***curateur ou un tuteur ad hoc*** peut être nommé par le juge à la demande du tuteur, du curateur, du procureur de la République, de tout intéressé ou d'office (art. 455).

À l'exception du conjoint, du partenaire (pacs) et des enfants de l'intéressé ainsi que des mandataires judiciaires à la protection des majeurs, le tuteur ou le curateur peut être ***remplacé*** à l'issue d'un délai de 5 ans (art. 453).

Les fonctions du subrogé-tuteur ou du subrogé-curateur ***cessent*** en même temps que celles du tuteur ou du curateur (art. 454, al. 7).

3) Le conseil de famille

Le ***conseil de famille*** n'est pas obligatoire dans la tutelle des majeurs. Le juge ne l'organise que dans les cas où les nécessités de la protection de la personne ou la consistance de son patrimoine le justifient et si la composition de sa famille et de son entourage le permet (art. 456, al. 1er).

Les membres du conseil de famille sont désignés par le juge en tenant compte des sentiments exprimés par la personne protégée, de ses relations habituelles, de l'intérêt porté à son égard et des recommandations éventuelles de ses parents et alliés ainsi que de son entourage (art. 456, al. 2). Le conseil de famille désigne le tuteur, le curateur et éventuellement le tuteur *ad hoc* (art. 456, al. 3). Les règles applicables au fonctionnement du conseil de famille sont en principe les mêmes que celles relatives à la tutelle des mineurs (art. 456, al. 4).

La tutelle peut être pure et simple ou obéir à certaines ***particularités***. Ainsi, le juge peut décider que la personne en tutelle aura la capacité de faire seule ou avec l'assistance du curateur certains actes qu'il énumère (art. 473, al. 2).

Dans la curatelle, il n'y a pas de conseil de famille. Le seul organe de la curatelle est le ***curateur,*** auquel peut être adjoint un ***subrogé-curateur***. Le juge des tutelles peut donner une ***autorisation supplétive*** en cas de refus d'assistance du curateur à un acte (art. 469, al. 3).

c) Les effets de la curatelle et de la tutelle

1) Les effets communs de la curatelle et de la tutelle

Le tuteur ou le curateur est tenu d'***informer la personne protégée***, selon des modalités adaptées à son état, sur sa situation personnelle, sur les actes accomplis, leur utilité, leur degré d'urgence, leurs effets et les conséquences d'un refus de sa part (art. 457-1).

Sauf dans les cas où la loi prévoit expressément le contraire, l'accomplissement des actes dont la nature implique un ***consentement strictement personnel*** ne donne jamais lieu à assistance ou représentation de la personne protégée (art. 458, al. 1er).

La personne protégée prend seule les ***décisions relatives à sa personne*** dans la mesure où son état le permet (art. 459, al. 1er). Le principe est donc celui de la capacité et l'exception celui de l'incapacité (art. 1145). L'assistance n'est envisagée que lorsque l'état de la personne protégée ne lui permet pas de prendre seule une décision personnelle éclairée (art. 459, al. 2). Lorsque cette assistance se révèle insuffisante, il peut être nécessaire, le cas échéant après l'ouverture d'une habilitation familiale ou d'une mesure de tutelle, d'autoriser le tuteur à représenter l'intéressé, y compris pour les actes ayant pour effet de porter gravement atteinte à son intégrité corporelle. La personne protégée choisit elle-même son ***lieu de résidence*** (art. 459-2) et ses relations personnelles, qu'il s'agisse ou non de parents (art. 459-2, al. 2).

Lorsque la personne protégée a pour projet de se marier, elle doit informer la personne chargée de la mesure de protection du projet de mariage, qui peut former opposition (sans autorisation du conseil de famille dans la tutelle ; art. 175).

2) Les effets de la tutelle

La tutelle constitue un ***régime de représentation***. Les règles relatives à la gestion du patrimoine sont identiques à celles applicables à la ***tutelle des mineurs*** (art. 496 et s.). Le tuteur représente la personne protégée dans tous les actes de la vie civile (art. 473, al. 1er) et dans les actes nécessaires à la gestion de son patrimoine (art. 474). La personne placée sous tutelle est représentée en justice également par le tuteur (art. 475, al. 1er). Toutefois, le juge peut, dans le jugement d'ouverture ou ultérieurement, énumérer certains actes que la personne en tutelle aura la capacité de faire seule ou avec l'assistance du tuteur (art. 473, al. 2). Les actes accomplis par le majeur en tutelle seul sont nuls de droit dès l'accomplissement de la publicité du jugement d'ouverture (art. 465).

La personne sous tutelle peut faire des ***donations*** avec l'assistance ou la représentation de son tuteur autorisé par le juge ou le conseil de famille (art. 476, al. 1er). Elle ne peut faire seule son ***testament*** après l'ouverture de la tutelle qu'avec l'autorisation du juge ou du conseil de famille s'il a été constitué, à peine de nullité de l'acte (art. 476, al. 2) mais elle ne sera ni représentée, ni assistée par son tuteur. Elle peut également seule révoquer le testament fait avant ou après l'ouverture de la tutelle (art. 476, al. 3).

Le majeur en tutelle est désormais représenté par son tuteur pendant l'instance en ***divorce*** (art. 249). Lorsque l'un des époux se trouve placé sous l'un des régimes de protection, le divorce pour acceptation du principe de la rupture n'est plus exclu (art. 249-4). Le divorce par consentement mutuel reste en revanche impossible.

Le majeur en tutelle doit désormais être assisté de son tuteur lors de la signature de la convention par laquelle elle conclut ou modifie un ***pacte civil de solidarité*** (art. 462, al. 1er). Aucune assistance ni représentation ne sont requises lors de la déclaration conjointe devant l'officier de l'état civil ou devant le notaire instrumentaire (art. 462, al. 1er et 2). Le majeur en tutelle peut librement ***rompre le pacs*** par déclaration conjointe ou unilatéralement mais la signification prévue en cas de rupture unilatérale est opérée par le tuteur (art. 462, al. 3). La rupture unilatérale peut également être demandée par le tuteur (art. 462, al. 4). Le tuteur est destinataire de la signification lorsqu'elle émane du partenaire du majeur placé sous tutelle (art. 462, al. 4). Le tuteur doit également représenter le majeur sous tutelle dans les opérations de ***liquidation du pacs*** (art. 462, al. 6).

Le majeur en tutelle est tenu de ***réparer le dommage*** qu'il a causé à autrui même s'il a agi sous l'empire de la maladie.

3) Les effets de la curatelle

La curatelle est un ***régime d'assistance***. L'assistance du curateur se manifeste alors par l'apposition de sa ***signature*** à côté de celle de la personne protégée (art. 467, al. 2). La capacité du curatélaire peut être ***adaptée***, c'est-à-dire être étendue ou restreinte par le juge (art. 471).

Certains actes nécessitent l'***assistance du curateur*** : il s'agit de tous les actes requérant l'autorisation du juge ou du conseil de famille dans la tutelle (art. 467, al. 1er). En outre, « La personne en curatelle ne peut, sans l'assistance du curateur conclure un contrat de fiducie ni faire emploi de ses capitaux » (art. 468, al. 2). L'assistance est également requise pour introduire une action en justice ou y défendre (art. 468, al. 3).

Le ***testament*** fait sans assistance du curateur est valable mais peut être attaqué par les héritiers pour insanité d'esprit (art. 470, al. 1er et art. 901). Les ***donations*** sont possibles sous le contrôle du curateur (art. 470, al. 2).

Le majeur en curatelle exerce ou se défend lui-même à l'action en ***divorce*** avec l'assistance de son curateur (art. 249). La personne sous curatelle peut désormais accepter seule le principe de la rupture du mariage sans considération des faits à l'origine de celle-ci (art. 249). Comme avant la loi du 23 mars 2019, le divorce par consentement mutuel est exclu pour le majeur sous curatelle.

L'assistance du curateur est nécessaire pour signer la convention de ***pacte civil de solidarité (pacs)*** mais inutile pour la déclaration devant l'officier d'état civil (art. 461, al. 1er). Le majeur sous curatelle peut librement rompre le pacs par déclaration conjointe ou unilatéralement mais il doit être assisté par son curateur pour la signification prévue en cas de rupture unilatérale (art. 461, al. 3).

4) Le sort des actes accomplis par la personne protégée

Les actes passés par la personne protégée moins de deux ans avant la publicité du jugement d'ouverture de la mesure de protection peuvent faire l'objet d'une ***action en réduction*** à condition que soit apportée la preuve que la personne souffrait, au moment de la conclusion de l'acte, d'une inaptitude à défendre ses intérêts, par suite de l'altération de ses facultés personnelles qui était notoire ou connue du cocontractant à l'époque où les actes ont été passés (art. 464, al. 1er). Si la preuve est apportée que la personne protégée a subi un préjudice, l'acte pourra être annulé (art. 464, al. 2). ***La nullité est relative.***

L'irrégularité des actes accomplis par la personne protégée ou par la personne chargée de sa protection est sanctionnée selon les cas par (art. 465) :

Origine de l'irrégularité	Sanction de l'irrégularité
La personne protégée a accompli seul un acte qu'elle pouvait faire sans l'assistance ou la représentation de la personne chargée de sa protection (sauf si l'acte a été expressément autorisé par le juge ou par le conseil de famille s'il a été constitué)	Action en rescision pour lésion ou en réduction pour excès
La personne protégée a accompli seule un acte pour lequel elle aurait dû être assistée	Action en nullité (nullité facultative, uniquement si la personne protégée a subi un préjudice)
La personne protégée a accompli seule un acte pour lequel elle aurait dû être représentée	Action en nullité (nullité de plein droit)

L'action peut être exercée pendant un délai de 5 ans par le curateur ou le tuteur seul avec l'autorisation du juge ou du conseil de famille s'il a été constitué. L'acte peut être confirmé avec l'autorisation du juge ou du conseil de famille pendant ce délai à condition que la mesure de protection reste ouverte. « Les restitutions dues par un mineur non émancipé ou par un majeur protégé sont réduites à hauteur du profit qu'il a retiré de l'acte annulé » (art. 1252-4).

■ *L'habilitation familiale*

L'habilitation familiale permet aux familles de pourvoir aux intérêts d'un proche vulnérable sans avoir recours à une mesure de protection judiciaire contraignante. Elle s'inspire des habilitations judiciaires qui existent déjà entre époux pour le fonctionnement de leur régime matrimonial (art. 217, 219, 1426 et 1429).

a) Les conditions de l'habilitation familiale

L'habilitation familiale vise à pourvoir aux intérêts d'une personne qui se trouve « dans l'***impossibilité de pourvoir seule à ses intérêts*** en raison d'une altération, médicalement constatée soit de ses facultés mentales, soit de ses facultés corporelles de nature à empêcher l'expression de sa volonté », en habilitant une ou plusieurs personnes à la représenter, à l'assister ou à passer un ou des actes en son nom (art. 494).

La procédure d'habilitation ne peut être envisagée qu'***en cas de nécessité***, dans le cas où sont insuffisantes pour pourvoir aux intérêts de la personne les règles de droit commun de la représentation, les stipulations d'un mandat de protection future ou les règles relatives aux droits et devoirs respectifs des époux et des règles des régimes matrimoniaux, en particulier celles prévues aux articles 217, 219, 1426 et 1429 (art. 494-2).

b) La procédure d'habilitation familiale

Le juge peut être saisi d'une demande d'habilitation familiale par les descendants, les ascendants, les frères et sœurs ou, à moins que la communauté de vie ait cessé entre le conjoint, le partenaire au pacs ou le concubin de la personne vulnérable. Il peut également être saisi par le procureur de la République à la demande de ces mêmes personnes. Enfin, le juge peut désormais être saisi par la personne qu'il y a lieu de protéger elle-même (art. 494-3). La désignation d'une personne habilitée est également possible à l'issue de l'instruction d'une requête aux fins d'ouverture d'une mesure de protection judiciaire ou par substitution, par le juge des tutelles, d'une habilitation familiale à une mesure de curatelle ou de tutelle lorsqu'il statue sur le renouvellement de celle-ci (art. 494-3, al. 3 renvoyant à 442).

La demande doit être accompagnée, à peine d'irrecevabilité, d'un ***certificat médical*** constatant l'altération des facultés mentales ou corporelles, établi par un médecin habilité, comme en matière de tutelle ou de curatelle (art. 494-3, renvoyant à art. 431).

La personne concernée doit en principe être ***entendue ou appelée***.

Le juge des tutelles vérifie l'***adhésion des proches*** ou bien leur ***absence d'opposition légitime*** d'une part à la mesure d'habilitation et d'autre part sur le choix de la personne habilitée. La ***personne habilitée*** peut être l'une de celles admises à former une demande d'habilitation.

Le juge statue d'une part sur le choix de la personne habilité et d'autre part sur l'étendue de l'habilitation (art. 494-5). Lorsqu'il estime que la mesure d'habilitation familiale ne permet pas d'assurer une protection suffisante, le juge a désormais la possibilité d'ordonner une mesure de sauvegarde de justice, de tutelle ou de curatelle (art. 494-5, al. 2).

L'habilitation, lorsqu'elle est générale, est ***mentionnée en marge de l'acte de naissance*** (art. 494-6, al. 8).

La décision peut faire l'objet d'un appel de la part des personnes à qui elle a été notifiée.

c) Le fonctionnement de l'habilitation familiale

Le juge peut désigner une personne habilitée soit à assister, soit seulement à représenter la personne protégée. L'habilitation crée une ***incapacité limitée*** aux actes qu'elle comprend. La personne qui en fait l'objet conserve l'exercice de ses droits autres que ceux dont l'exercice a été confié à la personne habilitée à la représenter (art. 494-8, al. 1er). Toutefois, en cas d'habilitation générale à la représenter, la personne est frappée d'une incapacité spéciale de conclure un mandat de protection future pendant la durée de l'habilitation (art. 494-8, al. 2).

L'habilitation peut concerner (art. 494-6, al. 1er à 3) :

- un ou plusieurs ***actes d'administration ou de disposition*** que le tuteur peut accomplir seul ou avec une autorisation, sur les biens du majeur à protéger ;
- un ou plusieurs ***actes relatifs à la personne***. Les dispositions des articles 457-1 à 459-2 du Code civil relatives à la tutelle et à la curatelle sont alors applicables à la personne habilitée.

La personne habilitée ne peut accomplir un acte de disposition à titre gratuit en représentation qu'avec l'autorisation du juge des tutelles (art. 494-6, al. 4).

L'habilitation crée une ***incapacité limitée*** aux actes qu'elle comprend (art. 494-8). Si l'intérêt de la personne l'implique, le juge peut ***donner une portée générale à l'habilitation***, permettant ainsi à la personne habilitée d'accomplir l'ensemble de ces deux catégories d'actes ou l'une d'elles (art. 494-3, al. 5).

L'acte accompli par la personne vulnérable alors qu'il aurait dû l'être par la personne habilitée est ***nul de plein droit*** « sans qu'il soit nécessaire de justifier d'un préjudice » (art. 494-9, al. 1er). Si elle accomplit seule un acte dont l'accomplissement nécessitait une assistance de la personne habilitée, l'acte ne peut être annulé que s'il est établi que la personne protégée a subi un préjudice (art. 494-9, al. 2 – L. 23 mars 2019).

L'habilitation familiale peut être décidée pour une durée de ***10 ans maximum*** (art. 494-6, al. 7), renouvelable pour une nouvelle période de 10 ans, voire 20 ans lorsque l'altération des facultés personnelles de la personne vulnérable n'apparaît pas manifestement susceptible de connaître une amélioration selon les données acquises de la science.

La personne désignée exerce sa mission ***gratuitement*** (art. 494-1, al. 2, *in fine*).

L'habilitation ***prend fin*** par le décès de la personne vulnérable, par le placement de celle-ci sous tutelle, curatelle, sous sauvegarde de justice ou par la mainlevée de la mesure ordonnée par le juge, de plein droit en l'absence de renouvellement de la mesure où après accomplissement de l'acte pour lequel elle a été délivrée (art. 494-11).

La personne désignée exerce sa mission gratuitement (art. 494-1, al. 2, *in fine*).

■ *Le mandat de protection future*

Le mandat de protection future est un acte notarié ou sous signature privée, qui permet à un mandant de désigner une personne de confiance chargée de le représenter pour le cas où il ne pourrait plus gérer seul, pour raisons de santé ou altération des facultés liées à l'âge, ses intérêts personnels et/ou patrimoniaux. Il est également possible de conclure un mandat de protection future « pour autrui », dans l'objectif d'assurer la protection d'un enfant mineur ou d'un enfant majeur handicapé, qui s'appliquera à compter du décès du mandant ou lorsqu'il ne sera plus en mesure de s'occuper de son enfant.

a) Les conditions du mandat de protection future

Le ***mandant*** est un mineur émancipé ou un majeur (art. 477). Une personne sous tutelle ou qui fait l'objet d'une habilitation familiale ne peut pas conclure un tel mandat et celle sous curatelle doit être assistée de son curateur.

Le ***mandataire*** peut être toute personne physique choisie par le mandant ou toute personne morale inscrite sur la liste des mandataires judiciaires à la protection des majeurs (art. 480).

Le mandat peut être conclu par ***acte sous signature privée ou par acte notarié*** (art. 477, al. 4). Le mandat de protection future « pour autrui » doit être notarié.

b) Les effets du mandat de protection future

Le mandat de protection future peut prévoir la désignation du mandataire, sa rémunération, sa révocation, son remplacement, l'étendue de son intervention ou encore les modalités de son contrôle, etc. Il peut concerner la personne, les biens ou seulement l'un des deux. Lorsque le mandat s'étend à la protection de la personne, les droits et obligations du mandataire sont définis par les articles 457-1 à 459-2 (art. 479, al. 1er).

Le mandat notarié confère au mandataire la possibilité de ***conclure tous les actes patrimoniaux qu'un tuteur peut accomplir seul ou avec une autorisation du juge des tutelles*** (art. 490). Une autorisation du juge est requise pour accomplir les actes de disposition à titre gratuit (art. 490, al. 2). Le mandat sous signature privée est limité, quant à la gestion du patrimoine, aux actes qu'un tuteur peut faire sans autorisation (art. 493).

« Le mandat ***prend effet*** lorsqu'il est établi que le mandant ne peut plus pourvoir seul à ses intérêts » (art. 481, al. 1er). Le mandataire doit alors produire au greffe du tribunal judiciaire le mandat et un certificat médical établissant cette impossibilité (art. 481, al. 2). Le mandat de protection future est soumis aux règles du droit commun du mandat (art. 1984 à 2010) lorsqu'elles ne sont pas incompatibles avec celles fixées spécifiquement en matière de mandat de protection future (art. 478).

Le mandat de protection future peut concerner ***la personne, les biens ou seulement l'un des deux***. Lorsque le mandat s'étend à la protection de la personne, les droits et obligations du mandataire sont définis par les articles 457-1 à 459-2 (art. 479, al. 1er).

Le mandataire qui est chargé d'administrer les biens doit établir un ***inventaire*** lors de l'entrée en application de la mesure et le tenir à jour (art. 486, al. 1er). Il établit annuellement le compte de sa gestion et sera contrôlé selon les modalités prévues par l'article 512 (art. 486, al. 2). Lorsque le mandat est notarié, le mandataire rend compte au notaire qui a établi le mandat en lui adressant ses comptes (art. 491). Le notaire peut saisir le juge des tutelles en cas d'anomalies dans la gestion (art. 491, al. 2).

Les actes et engagements passés par une personne faisant l'objet d'un mandat de protection future et mis à exécution pendant la durée du mandat peuvent être ***rescindés pour simple lésion ou réduits en cas d'excès*** (art. 488). Ils peuvent également être annulés en application du principe selon lequel un acte ne peut être valable que s'il est conclu par une personne saine d'esprit (art. 414).

Le mandat ***prend fin*** par le rétablissement des facultés personnelles du mandant, le décès du mandant ou du mandataire ou le placement sous tutelle de l'un des deux ou la révocation prononcée par le juge des tutelles (art. 483). Il peut, lorsqu'il met fin au mandat, le remplacer par une mesure de protection juridique ou faire coexister les deux types de mesures (art. 485).

Le juge peut également ***suspendre les effets du mandat*** pour le temps d'une mesure de sauvegarde de justice (art. 483, al. 2). Le juge des tutelles a seul compétence pour décharger le mandataire pendant l'exécution de sa mission (art. 480, al. 3).

La mesure d'accompagnement judiciaire

La mesure d'accompagnement judiciaire peut être prononcée lorsque les mesures d'accompagnement social personnalisé (CASF, art. L. 271-1 à L. 271-5) au profit d'une personne majeure « n'ont pas permis une gestion satisfaisante par celle-ci de ses prestations sociales et que sa santé ou sa sécurité en est compromise » (art. 495, al. 1er).

La mesure d'accompagnement judiciaire n'est pas envisageable lorsque le majeur bénéficie déjà d'une mesure de protection juridique (art. 495-1, al. 1er). En présence d'un époux non séparé de corps, il n'y a pas lieu de prononcer la mesure d'accompagnement judiciaire lorsque les règles des régimes matrimoniaux (art. 217, 219, 1426 et 1429) permettent une gestion satisfaisante des prestations sociales de l'intéressé par son conjoint (art. 495, al. 2).

La mesure est prononcée par le juge des tutelles, qui statue après avoir entendu ou appelé l'intéressé (art. 495-2). Le juge fixe la ***durée de la mesure*** dans une limite de 2 années (art. 495-8), renouvelable à la demande de la personne protégée, du mandataire ou du procureur de la République. La durée totale de la mesure ne peut excéder 4 ans.

La mesure a pour objectif de rétablir l'autonomie de l'intéressé dans la gestion de ses ressources (art. 495, al. 1er, *in fine*). La mesure porte sur les prestations sociales que le juge détermine (art. 495-4, al. 1er). Elle n'entraîne ***aucune incapacité*** (art. 495-3).

Le mandataire est choisi par le juge sur une liste prévue à l'article L. 471-2 du Code de l'action sociale et des familles (art. 495-6).

Le mandataire judiciaire a trois missions principales (art. 495-7) :

- il ***perçoit les prestations*** déterminées par le juge qui sont versées sur un compte ouvert au nom de la personne auprès d'un établissement habilité à recevoir des fonds du public ;
- il ***gère ces prestations*** dans l'intérêt de la personne en tenant compte de son avis et de sa situation familiale ;
- il exerce auprès de l'intéressé une ***action éducative*** tendant à rétablir les conditions d'une gestion autonome des prestations sociales.

BIBLIOGRAPHIE

- Batteur (A.), Mauger-Vielpeau (L.), *Droit des personnes, des familles, et des majeurs protégés*, 12e éd., 2023, LGDJ-Lextenso, coll. « Manuels ».
- Binet (J.-R.), *Droit des personnes et de la famille,* 6e éd., 2024, LGDJ-Lextenso, coll. « Cours ».
- Bernard-Xémard (C.), *Cours de droit des personnes et de la famille,* 10e éd., 2024, Gualino-Lextenso, coll. « Amphi LMD ».
- Boffa (R.), *Droit civil 1re année – Introduction générale au droit, droit des personnes, droit de la famille,* 7e éd., 2024, LGDJ-Lextenso. Hors collection.
- Brusorio Aillaud (M.), *Droit des personnes et de la famille,* 13e éd., 2024, Bruylant, coll. « Manuels Paradigme ».
- Carbonnier (J.), *Droit civil,* Coffret 2 volumes, 2004, PUF.
- Goubeaux (G.) et Voirin (P. †), *Droit civil : Personnes, famille, incapacités, biens, obligations, sûretés*, Tome 1, 43e éd., 2024, LGDJ-Lextenso, coll. « Manuels ».
- Lasserre (M.-C.), Druffin-Bricca (S.) et Zaffagnini (M.), *Introduction générale au droit et Droit des personnes et de la famille*, 8e éd., 2024, Gualino-Lextenso, coll. « Annales corrigées ».
- Renault-Brahinsky (C.), *Droit des personnes et de la famille*, 23e éd., 2024, Gualino-Lextenso, coll. « Mémentos » ; *Le nouveau divorce sans juge*, 2017, Gualino-Lextenso, coll. « Droit en poche » ; *La loi de programmation 2018-2022 et de réforme pour la justice décryptée*, 2019, Gualino-Lextenso, coll. « Droit en poche ».
- Teyssié (B.), *Droit civil, Les personnes*, 25e éd., 2023, Litec.

FSC
www.fsc.org
MIXTE
Papier | Pour une gestion forestière responsable
FSC® C022829

IMPRIM'VERT®

Imprimé en France par La Nouvelle Imprimerie Laballery,
58500 Clamecy

Ce produit est composé de matériaux issus de forêts bien gérées certifiées FSC® et d'autres sources contrôlées.

Imprimeur certifié

Achevé d'imprimer en juillet 2024
Numéro d'impression : 406652
Dépôt légal : septembre 2024